Impressum
Verlag: BABADADA GmbH, Nedderfeld 112 , 22529 Hamburg
Geschäftsführer / Verlagsleitung: Harald Hof
Druck: Books on Demand GmbH, In de Tarpen 42, 22848 Norderstedt

Imprint
Publisher: BABADADA GmbH, Nedderfeld 112 , 22529 Hamburg, Germany
Managing Director / Publishing direction: Harald Hof
Print: Books on Demand GmbH, In de Tarpen 42, 22848 Norderstedt

σχολείο
okul

σχολική τάξη
sınıf

διαιρώ
böl

186/2

πίνακας
tahta

σχολική αυλή
okul bahçesi

δάσκαλος
öğretmen

χαρτί
kağıt

γράφω
yazmak

στυλό
kalem

γραφείο
masa

χάρακας
cetvel

βιβλίο
kitap

μαθητής
öğrenci

σχολική τσάντα

okul çantası

κασετίνα/ μολυβοθήκη

kalemlik

μολύβι

kurşun kalem

ξύστρα

kalem açacağı

γόμα

silgi

μπλοκ ζωγραφικής

çizim defteri

ζωγραφική

çizim

πινέλο

resim fırçası

κουτί χρωμάτων

boya kutusu

ψαλίδι

makas

κόλλα

tutkal

τετράδιο ασκήσεων

alıştırma kitabı

εργασία για το σπίτι

ödev

αριθμός

sayı

προσθέτω

ekle

αφαιρώ

çıkar

πολλαπλασιάζω

çarp

υπολογίζω

hesapla

γράμμα

harf

αλφάβητο

alfabe

λέξη

kelime

κείμενο

metin

διαβάζω

okumak

κιμωλία

tebeşir

μάθημα

ders

εγγράφομαι

kayıt

τεστ

sınav

πιστοποιητικό

sertifika

μαθητική στολή

okul forması

εκπαίδευση

eğitim

εγκυκλοπαίδεια

ansiklopedi

πανεπιστήμιο

üniversite

μικροσκόπιο

mikroskop

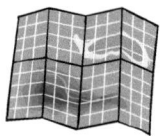

χάρτης

harita

καλάθι αχρήστων

kağıt çöp kutusu

ταξίδι

seyahat

ξενοδοχείο
otel
Grand
ξενώνας
pansiyon
ROOMS
EXCHANGE
ανταλλακτήρια συναλλάγματος
döviz bürosu
βαλίτσα
bavul
αυτοκίνητο
otomobil

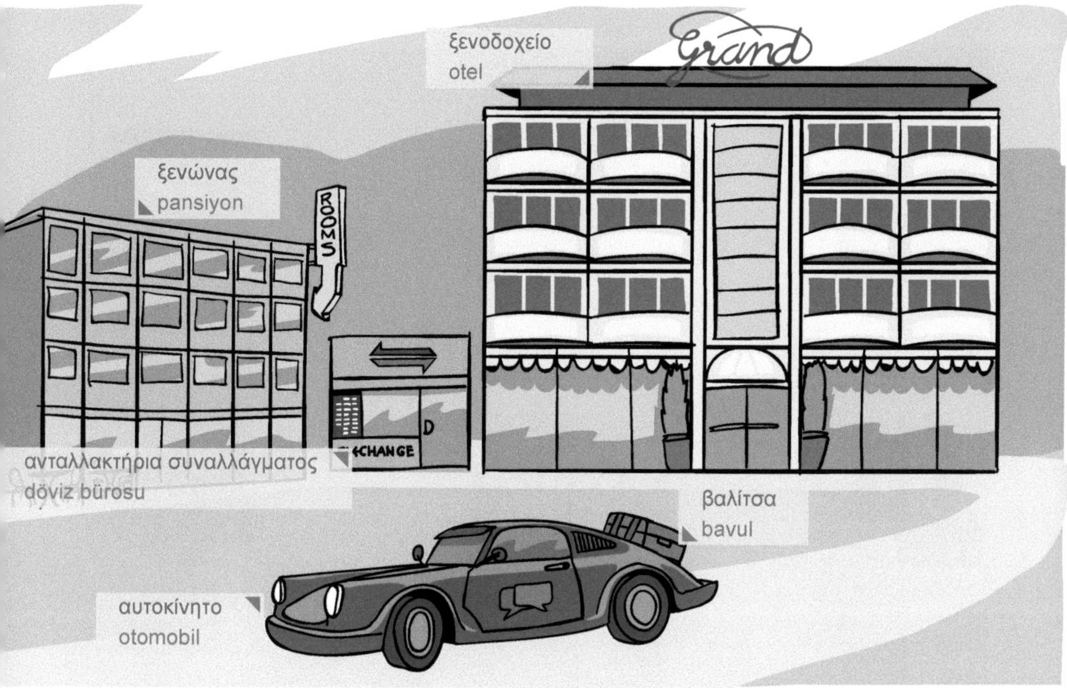

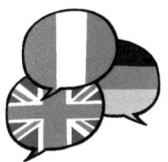

γλώσσα

dil

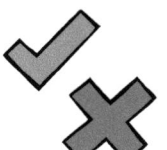

ναι / όχι

evet / hayır

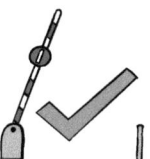

εντάξει

Tamam

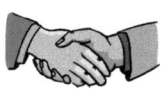

γεια σου

merhaba

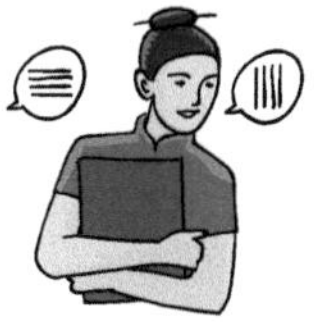

μεταφραστής

çevirmen

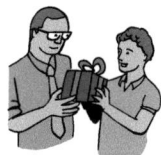

Ευχαριστώ

Teşekkür ederim

πόσο κάνει ;

bu ... ne kadar?

Δε καταλαβαίνω

anlamadım

πρόβλημα

problem

Καλησπέρα!

İyi akşamlar!

Καλημέρα!

Günaydın!

Καληνύχτα!

İyi geceler!

Αντίο

güle güle

κατεύθυνση

yön

αποσκευές

bagaj

τσάντα

çanta

σακίδιο πλάτης

sırt çantası

καλεσμένος

misafir

δωμάτιο

oda

υπνόσακος

uyku tulumu

σκηνή

çadır

τουριστικές πληροφορίες

turist danışma

παραλία

sahil

πιστωτική κάρτα

kredi kartı

πρωινό

kahvaltı

μεσημεριανό

öğle yemeği

δείπνο

akşam yemeği

εισιτήριο

Bilet

ανελκυστήρας

asansör

γραμματόσημο

pul

σύνορα

sınır

τελωνείο

gümrük

πρεσβεία

elçilik

βίζα

vize

διαβατήριο

pasaport

ταξίδι - seyahat

μεταφορά

ulaşım

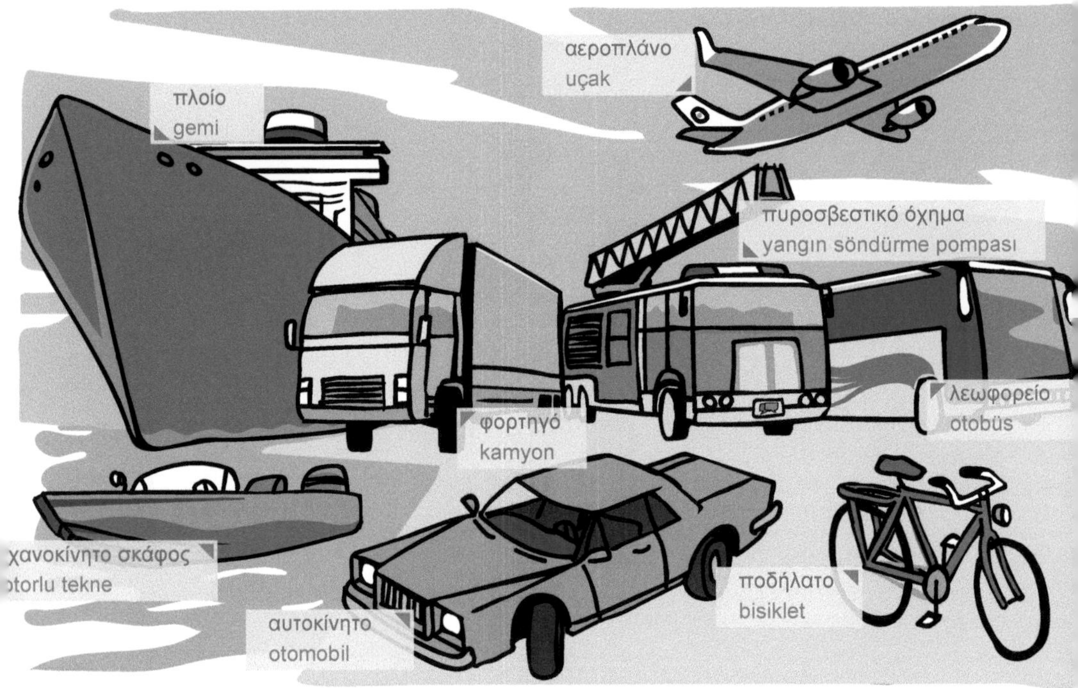
αεροπλάνο
uçak
πλοίο
gemi
πυροσβεστικό όχημα
yangın söndürme pompası
λεωφορείο
otobüs
φορτηγό
kamyon
χανοκίνητο σκάφος
torlu tekne
ποδήλατο
bisiklet
αυτοκίνητο
otomobil

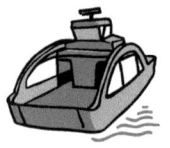

φεριμπότ

feribot

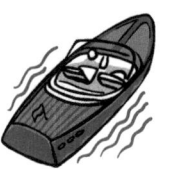

βάρκα

bot

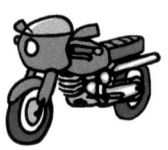

μοτοσικλέτα

motosiklet

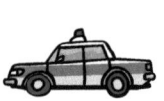

περιπολικό

polis arabası

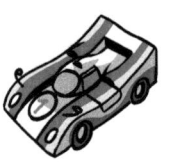

αγωνιστικό αυτοκίνητο

yarış arabası

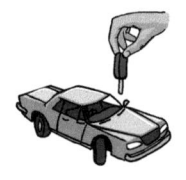

ενοικιαζόμενο αυτοκίνητο

kiralık araba

διαμοιρασμός αυτοκινήτων

ortak araba

γερανός

çekici

απορριμματοφόρο

çöp kamyonu

κινητήρας

motor

καύσιμο

yakıt

βενζινάδικο

benzinlik

πινακίδα σήμανσης

trafik işareti

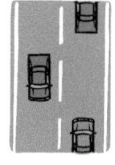

κυκλοφορία

trafik

κυκλοφοριακή συμφόρηση

trafik sıkışıklığı

χώρος στάθμευσης

otopark

σιδηροδρομικός σταθμός

tren istasyonu

σιδηροδρομικές γραμμές

ray

τρένο

tren

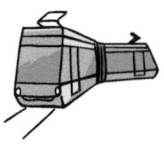

τραμ

tramvay

βαγόνι

vagon

ελικόπτερο

helikopter

αεροδρόμιο

havaalanı

πύργος

kule

επιβάτης

yolcu

εμπορευματοκιβώτιο

konteyner

χαρτοκιβώτιο

koli

καρότσι

yük arabası

καλάθι

sepet

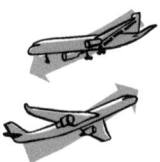

απογειώνομαι /
προσγειόνομαι

kalkış / iniş

πόλη

şehir

χωριό

köy

κέντρο της πόλης

şehir merkezi

σπίτι

ev

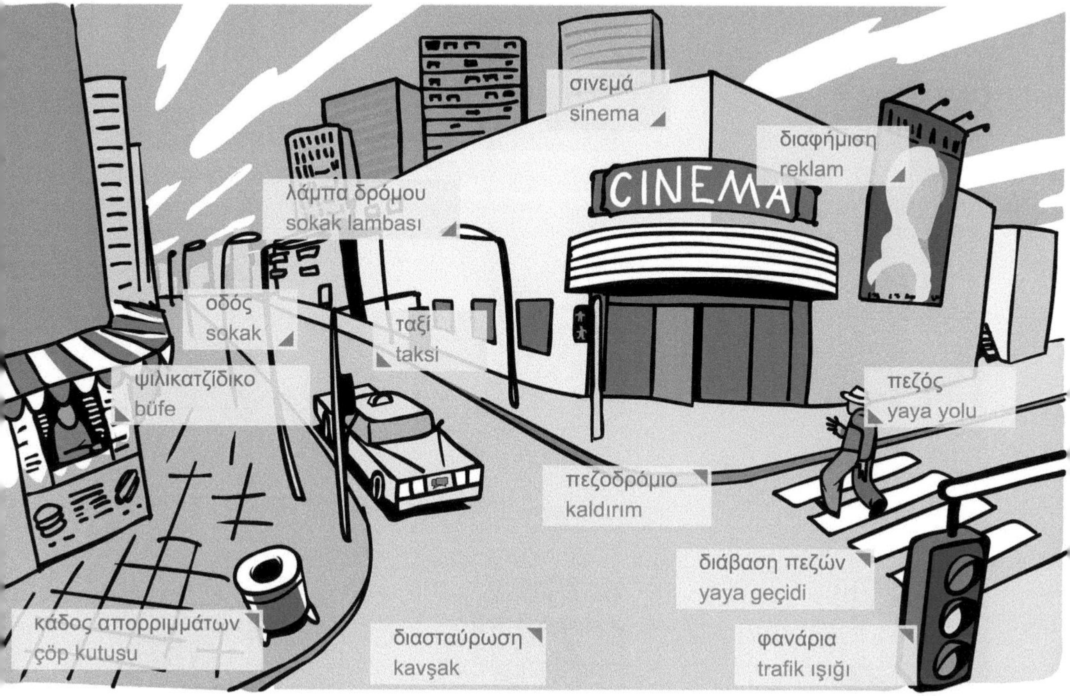
σινεμά
sinema
διαφήμιση
reklam
CINEMA
λάμπα δρόμου
sokak lambası
οδός
sokak
ταξί
taksi
ψιλικατζίδικο
büfe
πεζός
yaya yolu
πεζοδρόμιο
kaldırım
διάβαση πεζών
yaya geçidi
κάδος απορριμμάτων
çöp kutusu
διασταύρωση
kavşak
φανάρια
trafik ışığı

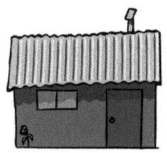

καλύβα

kulübe

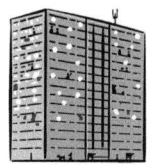

διαμέρισμα

apartman dairesi

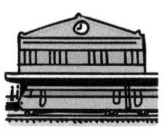

σιδηροδρομικός σταθμός

tren istasyonu

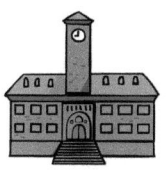

δημαρχείο

belediye binası

MUSEUM

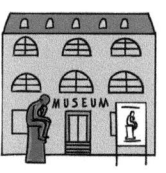

μουσείο

müze

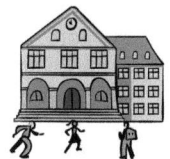

σχολείο

okul

πανεπιστήμιο

üniversite

τράπεζα

banka

νοσοκομείο

hastane

ξενοδοχείο

otel

φαρμακείο

eczane

γραφείο

ofis

βιβλιοπωλείο

kitapçı

κατάστημα

mağaza

ανθοπωλείο

çiçekçi

σούπερ μάρκετ

süpermarket

αγορά

market

πολυκατάστημα

büyük mağaza

ιχθυοπωλείο

balık satıcısı

εμπορικό κέντρο

alışveriş merkezi

λιμάνι

liman

πάρκο

park

παγκάκι

bank

γέφυρα

köprü

σκάλες

merdiven

μετρό

metro

τούνελ

tünel

στάση λεωφορείου

otobüs durağı

μπαρ

bar

εστιατόριο

restoran

γραμματοκιβώτιο

posta kutusu

πινακίδα δρόμου

sokak tabelası

παρκόμετρο

otopark sayacı

ζωολογικός κήπος

hayvanat bahçesi

πισίνα

yüzme havuzu

τζαμί

cami

αγρόκτημα

çiftlik

ρύπανση

kirlilik

νεκροταφείο

mezarlık

εκκλησία

kilise

παιδική χαρά

oyun alanı

ναός

tapınak

τοπίο

arazi

φύλλο
yaprak

πινακίδα κατεύθυνσης
yön tabelası

δρόμος
yol

λιβάδι
çayır

πέτρα
taş

δέντρο
ağaç

πεζοπόρος
yürüyüşçü

ποτάμι
ırmak

χορτάρι
çimen

λουλούδι
çiçek

κοιλάδα

vadi

λόφος

tepe

λίμνη

göl

δάσος

orman

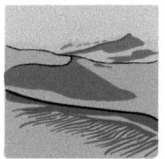

έρημος

çöl

ηφαίστειο

volkan

κάστρο

kale

ουράνιο τόξο

gökkuşağı

μανιτάρι

mantar

φοίνικας

palmiye

κουνούπι

sivrisinek

μύγα

sinek

μυρμήγκι

karınca

μέλισσα

arı

αράχνη

örümcek

σκαθάρι

böcek

βάτραχος

kurbağa

σκίουρος

sincap

σκαντζόχοιρος

kirpi

λαγός

yabani tavşan

κουκουβάγια

baykuş

πουλί

kuş

κύκνος

kuğu

αγριογούρουνο

yaban domuzu

ελάφι

geyik

άλκη

geyik

φράγμα

baraj

ανεμογεννήτρια

rüzgar türbini

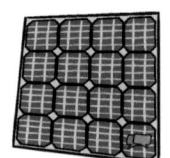

ηλιακός συλλέκτης

güneş paneli

κλίμα

iklim

εστιατόριο
restoran

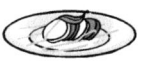

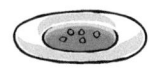

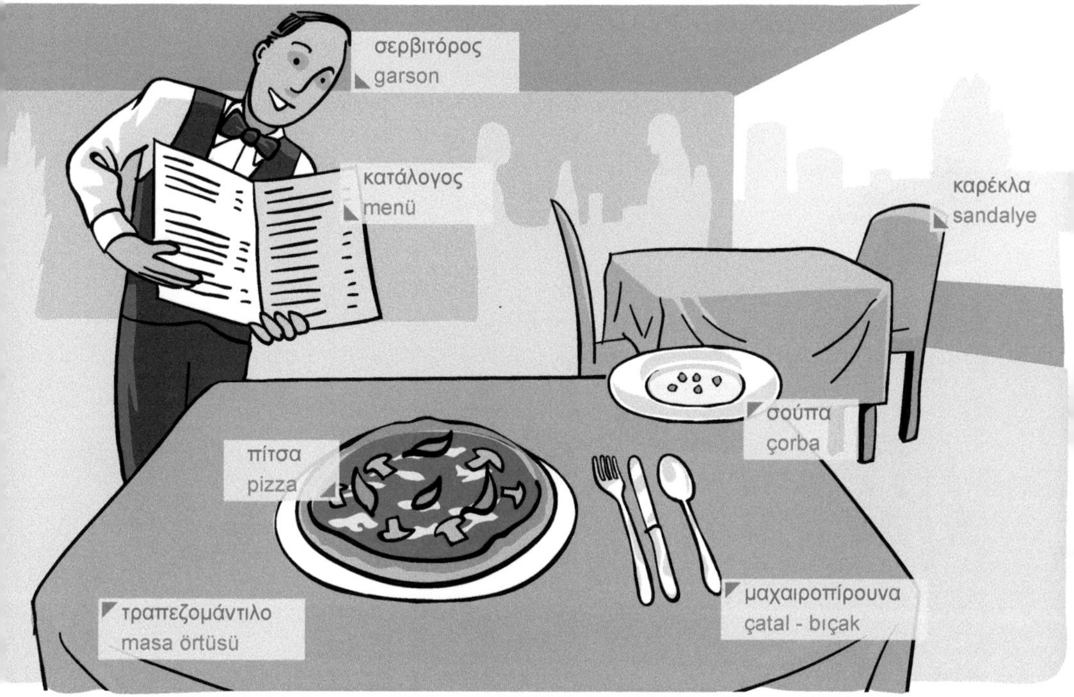
σερβιτόρος
garson
κατάλογος
menü
καρέκλα
sandalye
σούπα
çorba
πίτσα
pizza
τραπεζομάντιλο
masa örtüsü
μαχαιροπίρουνα
çatal - bıçak

ορεκτικό

başlangıç

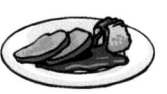

κύριο πιάτο

ana yemek

επιδόρπιο

tatlı

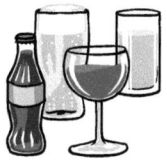

ποτά

içecekler

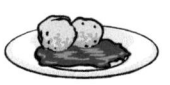

φαγητό

yemek

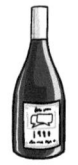

μπουκάλι

şişe

φαστ φουντ

fastfood

φαγητό στ' όρθιο

sokak yemeği

τσαγιέρα

çaydanlık

δοχείο ζάχαρης

şekerlik

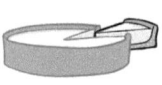

μερίδα

porsiyon

μηχανή εσπρέσο

espresso makinesi

ψηλή καρέκλα

mama sandalyesi

λογαριασμός

fatura

δίσκος

tepsi

μαχαίρι

bıçak

πιρούνι

çatal

κουτάλι

kaşık

κουταλάκι του τσαγιού

çay kaşığı

πετσέτα φαγητού

servis peçetesi

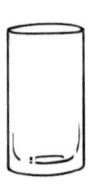

ποτήρι

bardak

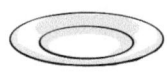

πιάτο

tabak

πιάτο σούπας

çorba kasesi

πιατάκι φλιτζανιού

fincan altlığı

σάλτσα

sos

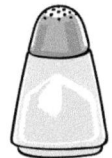

αλατιέρα

tuzluk

μύλος για πιπέρι

karabiber değirmeni

ξύδι

sirke

λάδι

yağ

μπαχαρικά

baharat

κέτσαπ

ketçap

μουστάρδα

hardal

μαγιονέζα

mayonez

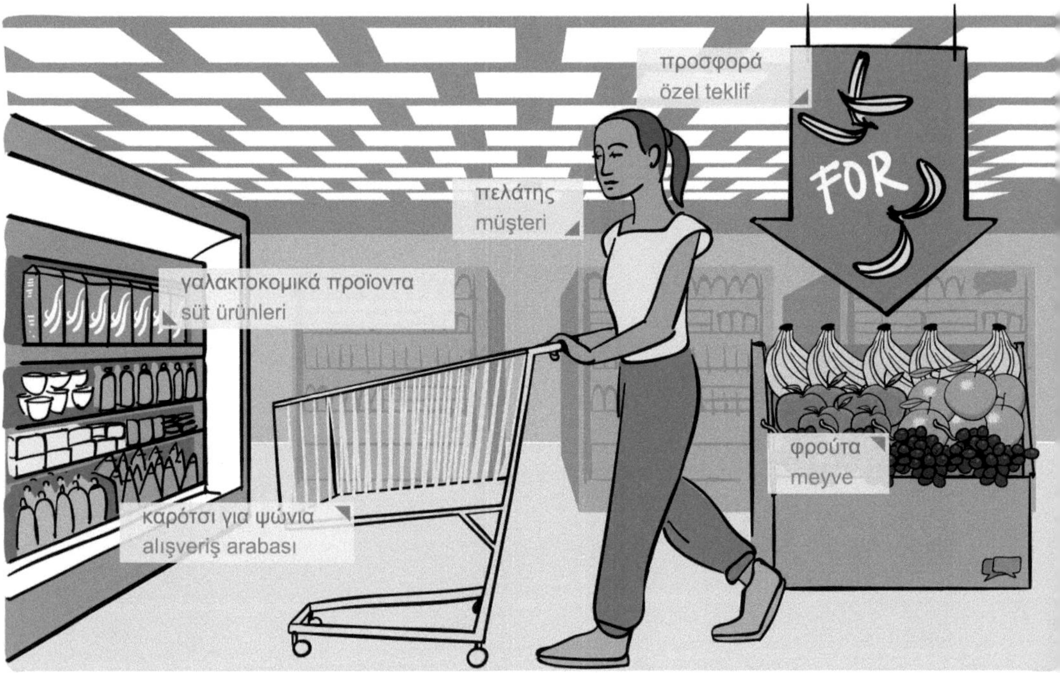

προσφορά
özel teklif
FOR
πελάτης
müşteri
γαλακτοκομικά προϊόντα
süt ürünleri
φρούτα
meyve
καρότσι για ψώνια
alışveriş arabası

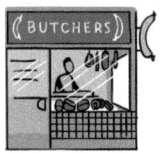

BUTCHERS

κρεοπωλείο

kasap

BAKERY

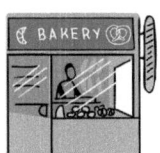

φούρνος

fırın

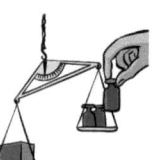

ζυγίζω

tartmak

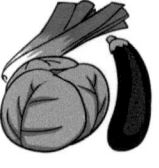

λαχανικά

sebze

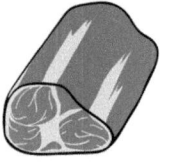

κρέας

et

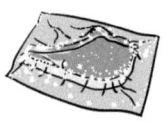

κατεψυγμένα τρόφιμα

donmuş gıda

αλλαντικά

söğüş et

κονσερβοποιημένη τροφή

konserve yiyecek

απορρυπαντικό ρούχων

toz deterjan

γλυκά

şekerlemeler

οικιακά είδη

ev temizlik ürünleri

καθαριστικά προϊόντα

temizlik ürünleri

πωλήτρια

satış görevlisi

ταμείο

yazar kasa

ταμίας

kasiyer

λίστα για ψώνια

alışveriş listesi

ωράριο λειτουργίας

açılış saatleri

πορτοφόλι

cüzdan

πιστωτική κάρτα

kredi kartı

τσάντα

çanta

πλαστική σακούλα

plastik poşet

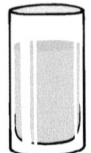 

νερό

su

χυμός

meyve suyu

γάλα

süt

κόκα κόλα

kola

κρασί

şarap

μπίρα

bira

αλκοόλ

alkol

κακάο

kakao

τσάι

çay

καφές

kahve

εσπρέσο

espresso

καπουτσίνο

kapuçino

μπανάνα

muz

μήλο

elma

πορτοκάλι

portakal

πεπόνι

kavun

λεμόνι

limon

καρότο

havuç

σκόρδο

sarımsak

μπαμπού

bambu

κρεμμύδι

soğan

μανιτάρι

mantar

ξηροί καρποί

çerez

νουντλς

makarna

μακαρόνια

spagetti

ρύζι

pirinç

σαλάτα

salata

πατατάκια

cips

τηγανητές πατάτες

patates kızartması

πίτσα

pizza

χάμπουργκερ

hamburger

σάντουιτς

sandviç

κοτολέτα

şinitzel

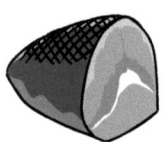

ζαμπόν

pastırma

σαλάμι

salam

λουκάνικο

sosis

κοτόπουλο

tavuk

ψητό

rosto

ψάρι

balık

φαγητό - yemek

χυλός βρώμης

yulaf ezmesi

μούσλι

müsli

κορν φλέικς

mısır gevreği

αλεύρι

un

κρουασάν

kruvasan

ψωμάκι

küçük ekmek

ψωμί

ekmek

τοστ

tost

μπισκότα

bisküvi

βούτυρο

tereyağı

τυρόπηγμα

kaymak

κέικ

kek

αυγό

yumurta

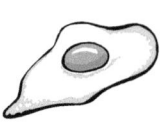

τηγανητό αυγό

sahanda yumurta

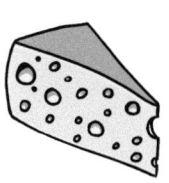

τυρί

peynir

παγωτό

dondurma

ζάχαρη

şeker

μέλι

bal

μαρμελάδα

reçel

άλλειμμα σοκολάτας

fındık ezmesi

κάρυ

köri

αγρόκτημα
çiftlik

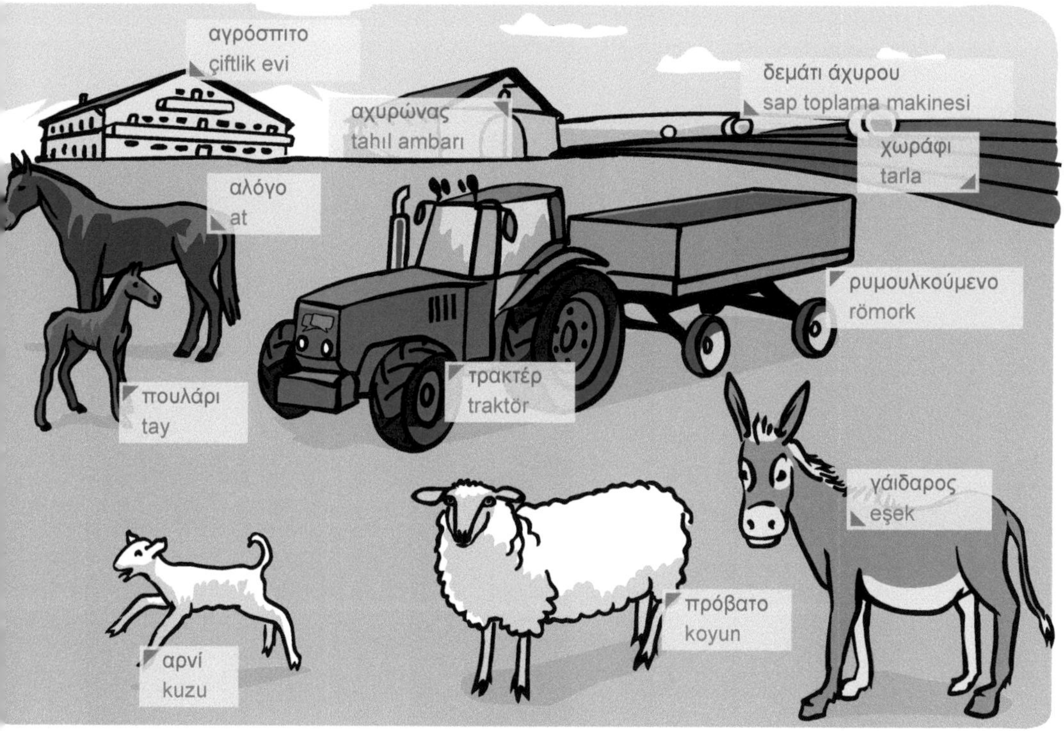
αγρόσπιτο
çiftlik evi
αχυρώνας
tahıl ambarı
δεμάτι άχυρου
sap toplama makinesi
χωράφι
tarla
αλόγο
at
ρυμουλκούμενο
römork
τρακτέρ
traktör
πουλάρι
tay
γάιδαρος
eşek
πρόβατο
koyun
αρνί
kuzu

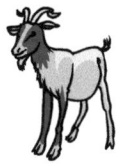

κατσίκα
keçi

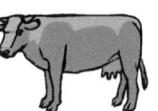

αγελάδα
inek

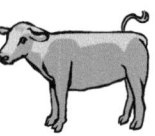

μοσχαράκι
buzağı

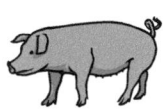

γουρούνι
domuz

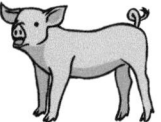

γουρουνάκι
domuz yavrusu

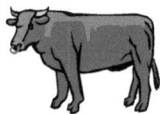

ταύρος
boğa

χήνα

kaz

πάπια

ördek

κοτοπουλάκι

civciv

κότα

tavuk

κόκορας

horoz

αρουραίος

sıçan

γάτα

kedi

ποντίκι

fare

βόδι

öküz

σκύλος

köpek

σπιτάκι σκύλου

köpek kulübesi

λάστιχο κήπου

bahçe hortumu

ποτιστήρι

sulama kabı

θεριστήρι

tırpan

αλέτρι

pulluk

αγρόκτημα - çiftlik

δρεπάνι

orak

τσάπα

çapa

δίκρανο

dirgen

τσεκούρι

balta

χειράμαξα

el arabası

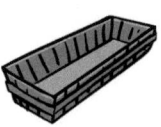

ταΐστρα

yemlik

δοχείο γάλακτος

süt kovası

σάκος

çuval

φράχτης

çit

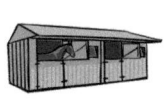

στάβλος

ahır

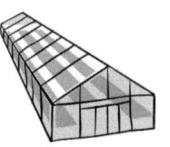

θερμοκήπιο

sera

έδαφος

toprak

σπόρος

tohum

λίπασμα

gübre

θεριζοαλωνιστική μηχανή

biçerdöver

θερίζω

hasat etmek

συγκομιδή

harman

γιαμς

tatlı patates

σιτάρι

buğday

σόγια

soya

πατάτα

patates

καλαμπόκι

mısır

κράμβη

kolza

οπωροφόρο δέντρο

meyve ağacı

μανιόκα

manyok

δημητριακά

hububat

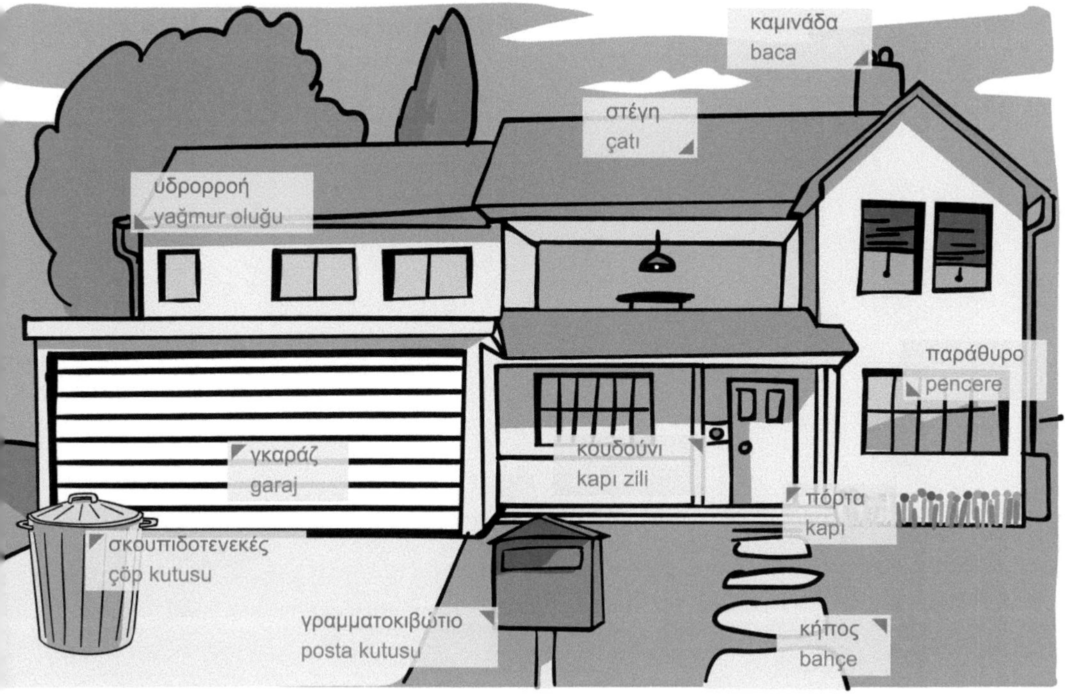

καμινάδα
baca

στέγη
çatı

υδρορροή
yağmur oluğu

παράθυρο
pencere

γκαράζ
garaj

κουδούνι
kapı zili

πόρτα
kapı

σκουπιδοτενεκές
çöp kutusu

γραμματοκιβώτιο
posta kutusu

κήπος
bahçe

σαλόνι

oturma odası

μπάνιο

banyo

κουζίνα

mutfak

υπνοδωμάτιο

yatak odası

παιδικό δωμάτιο

çocuk odası

τραπεζαρία

yemek odası

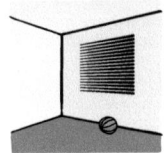

πάτωμα

zemin

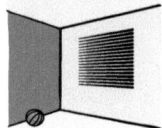

τοίχος

duvar

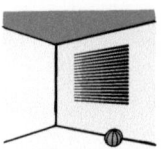

οροφή

tavan

κελάρι

kiler

σάουνα

sauna

μπαλκόνι

balkon

βεράντα

teras

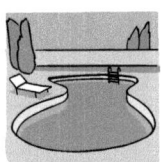

πισίνα

havuz

μηχανή του γκαζόν

çim biçme makinesi

σεντόνι

çarşaf

κάλυμμα κρεβατιού

yatak örtüsü

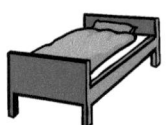

κρεβάτι

yatak

σκούπα

süpürge

κουβάς

kova

διακόπτης

anahtar

σαλόνι

oturma odası

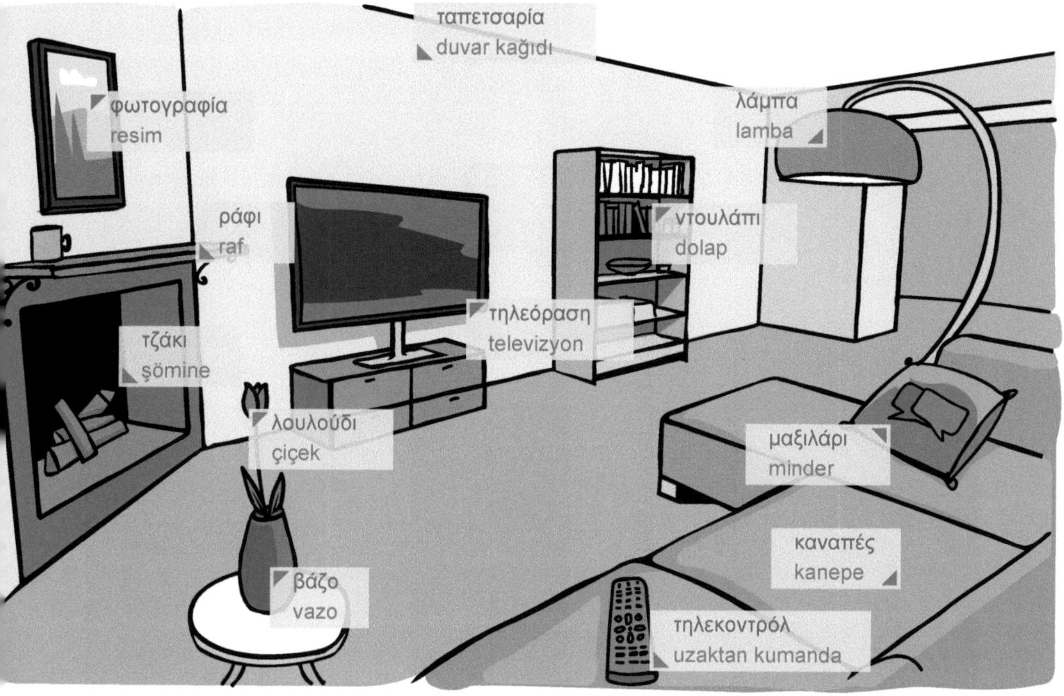

ταπετσαρία
duvar kağıdı
φωτογραφία
resim
λάμπα
lamba
ράφι
raf
ντουλάπι
dolap
τηλεόραση
televizyon
τζάκι
şömine
λουλούδι
çiçek
μαξιλάρι
minder
καναπές
kanepe
βάζο
vazo
τηλεκοντρόλ
uzaktan kumanda

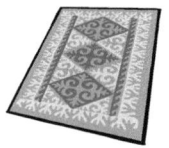

χαλί

halı

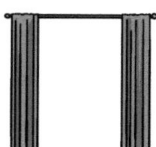

κουρτίνα

perde

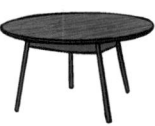

τραπέζι

masa

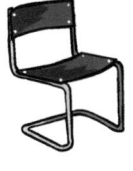

καρέκλα

sandalye

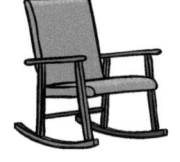

κουνιστή πολυθρόνα

salıncaklı koltuk

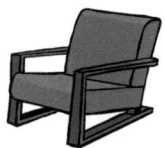

πολυθρόνα

koltuk

βιβλίο

kitap

κουβέρτα

battaniye

διακόσμηση

dekor

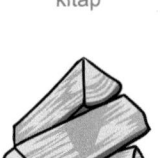

καυσόξυλα

odun

ταινία

film

στερεοφωνικό σύστημα

hi-fi

κλειδί

anahtar

εφημερίδα

gazete

πίνακας ζωγραφικής

tablo

αφίσα

poster

ραδιόφωνο

radyo

σημειωματάριο

defter

ηλεκτρική σκούπα

elektrikli süpürge

κάκτος

kaktüs

κερί

mum

σαλόνι - oturma odası

κουζίνα
mutfak

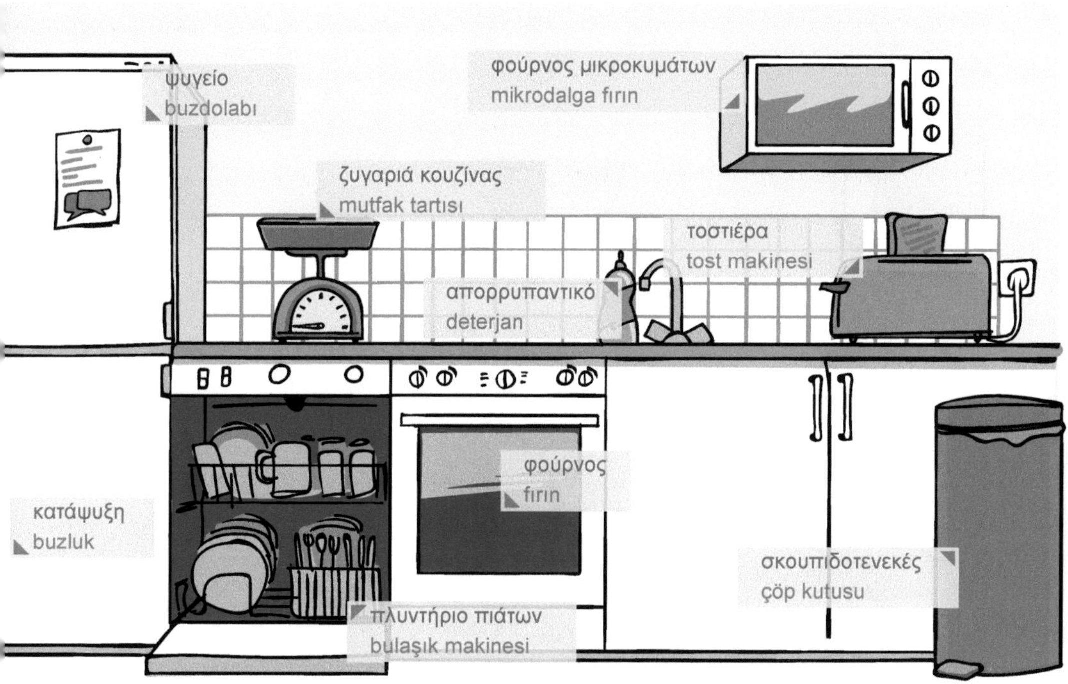
ψυγείο
buzdolabı
φούρνος μικροκυμάτων
mikrodalga fırın
ζυγαριά κουζίνας
mutfak tartısı
τοστιέρα
tost makinesi
απορρυπαντικό
deterjan
φούρνος
fırın
κατάψυξη
buzluk
σκουπιδοτενεκές
çöp kutusu
πλυντήριο πιάτων
bulaşık makinesi

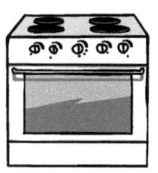

κουζίνα

ocak

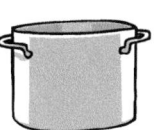

κατσαρόλα

tencere

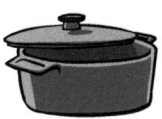

μαντεμένια κατσαρόλα

döküm tencere

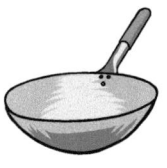

γουόκ/καντάι

wok

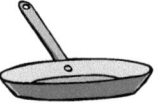

τηγάνι

tava

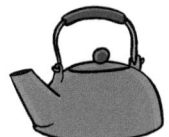

βραστήρας

su ısıtıcı

ατμομάγειρας

buharlı pişirici

ταψί

pişirme tepsisi

πιατικά

tabak takımı

κούπα

kupa

μπολ

kase

ξυλάκια

çubuk (çin yemeği)

κουτάλα

kepçe

σπάτουλα

spatula

ανακατεύω

çırpma teli

σουρωτήρι

süzgeç

σουρωτηράκι

elek

τρίφτης

rende

γουδί

havan

ψησταριά

barbekü

ανοιχτή φωτιά

açık ateş

σανίδα κοπής

kesme tahtası

πλάστης

merdane

ανοιχτήρι φελλών

tirbüşon

κονσέρβα

konserve kutusu

ανοιχτήρι κονσέρβας

konserve açacağı

γάντι φούρνου

fırın eldiveni

νεροχύτης

evye

βούρτσα

fırça

σφουγγάρι

sünger

μπλέντερ

blender

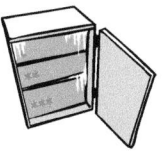

καταψύκτης

derin dondurucu

μπιμπερό

biberon

βρύση

musluk

μπάνιο
banyo

θέρμανση
ısıtma
ντους
duş
πετσέτα
havlu
κουρτίνα ντουζ
duş perdesi
αφρόλουτρο
köpük banyosu
μπανιέρα
küvet
ποτήρι
bardak
πλυντήριο ρούχων
çamaşır makinesi
βρύση
musluk
πλακάκια
fayans
γιογιό
lazımlık
νεροχύτης
evye

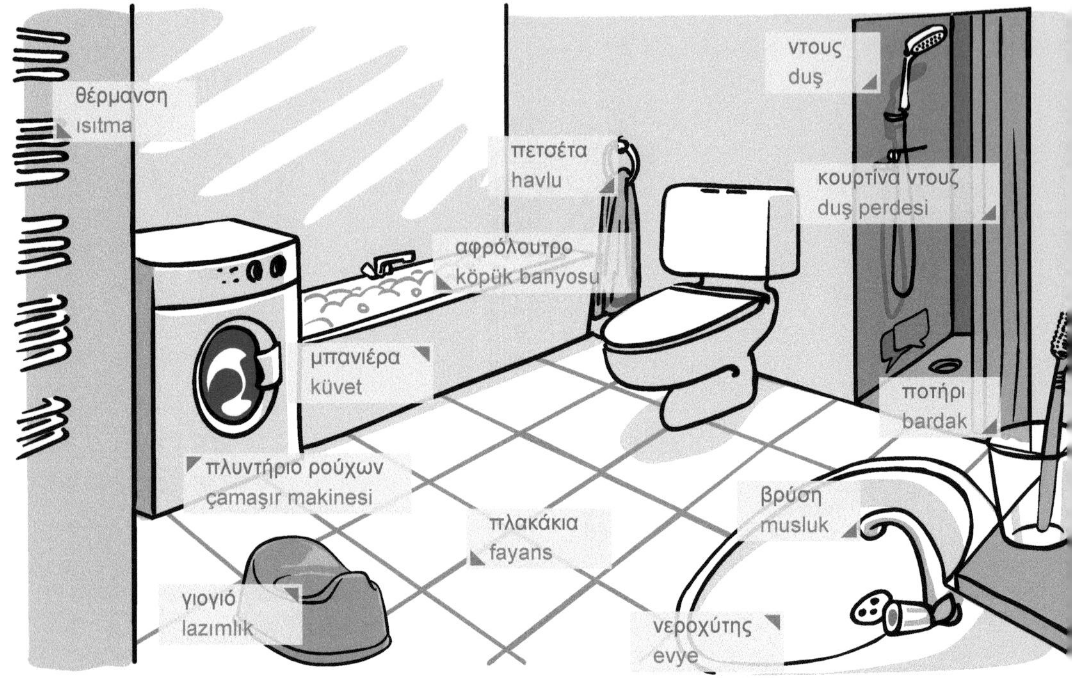

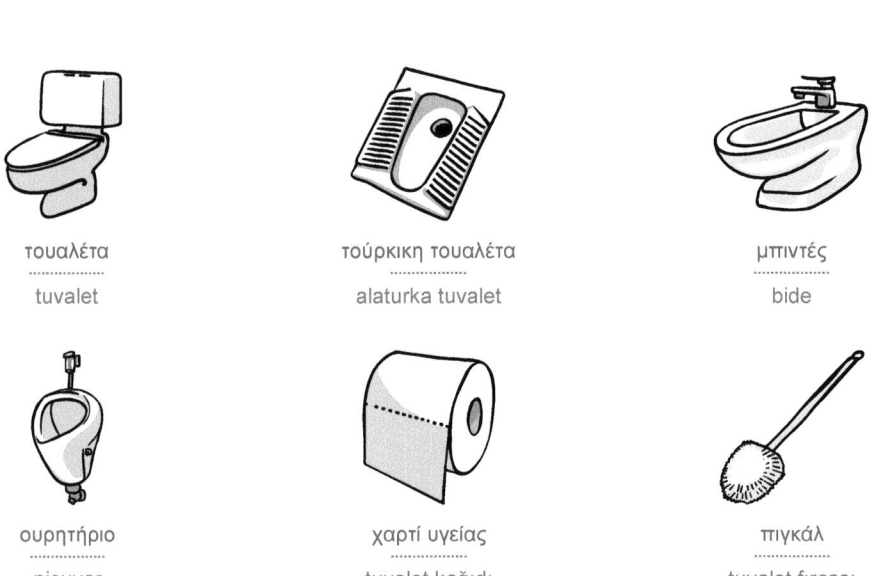

τουαλέτα

tuvalet

τούρκικη τουαλέτα

alaturka tuvalet

μπιντές

bide

ουρητήριο

pisuvar

χαρτί υγείας

tuvalet kağıdı

πιγκάλ

tuvalet fırçası

οδοντόβουρτσα

diş fırçası

οδοντόκρεμα

diş macunu

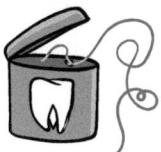

οδοντικό νήμα

diş ipi

πλένω

yıkamak

τηλέφωνο ντους

duş başlığı

ντουσιέρα

duş başlığı şeklinde taharet
musluğu

λεκάνη

küvet

βούρτσα πλάτης

banyo fırçası

σαπούνι

sabun

αφρόλουτρο

duş jeli

σαμπουάν

şampuan

φανέλα

banyo lifi

σιφόνι

gider

κρέμα

krem

αποσμητικό

deodorant

καθρέφτης

ayna

καθρέφτης χειρός

el aynası

ξυραφάκι

jilet

αφρός ξυρίσματος

tıraş köpüğü

αφτερσέιβ

tıraş losyonu

χτένα

tarak

βούρτσα

fırça

σεσουάρ

saç kurutma makinesi

λακ

saç spreyi

μακιγιάζ

makyaj

κραγιόν

ruj

βερνίκι νυχιών

tırnak cilası

βαμβάκι

pamuk

ψαλίδι νυχιών

tırnak makası

άρωμα

parfüm

νεσεσέρ

makyaj çantası

σκαμπό

tabure

ζυγαριά

tartı

μπουρνούζι

bornoz

ελαστικά γάντια

lastik eldiven

ταμπόν

tampon

πετσέτα υγιεινής

kadın pedi

χημική τουαλέτα

kimyevi tuvalet

παιδικό δωμάτιο

çocuk odası

ξυπνητήρι
çalar saat
λούτρινο ζωάκι
peluş oyuncak
αυτοκινητάκι
oyuncak araba
κουδουνίστρα
çıngırak
κουκλόσπιτο
bebek evi
δώρο
hediye

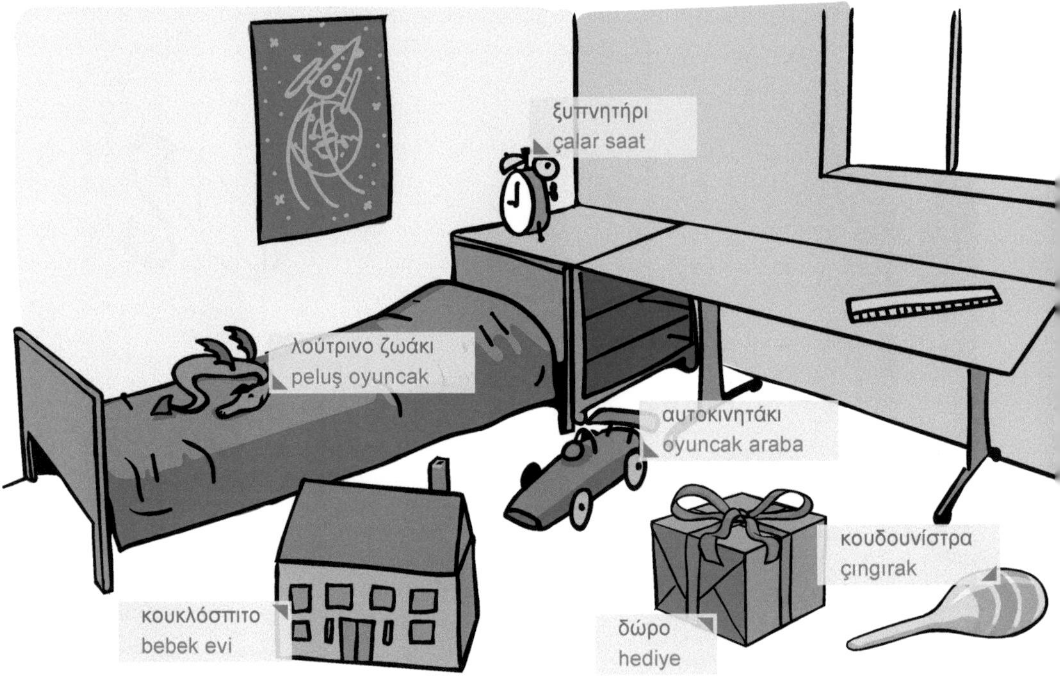

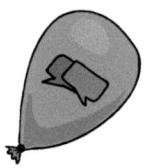

μπαλόνι

balon

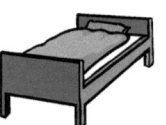

κρεβάτι

yatak

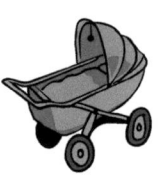

καροτσάκι

bebek arabası

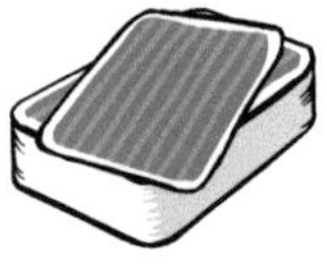

τράπουλα

kart destesi

παζλ

yapboz

SUPER
MEGA

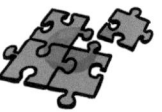

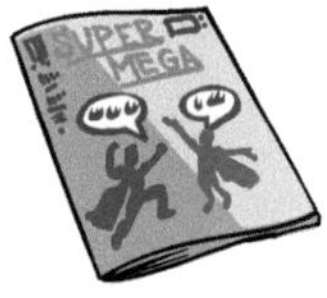

κόμικς

çizgi roman

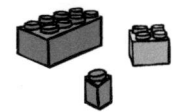

τουβλάκια lego

lego tuğlaları

τουβλάκια κατασκευών

lego blokları

φιγούρα δράσης

aksiyon figürü

βρεφικό φορμάκι

zıbın

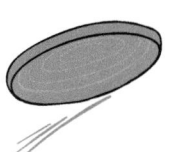

φρίσμπι

frizbi

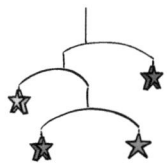

μόμπιλο

dönence

επιτραπέζιο παιχνίδι

masa oyunu

ζάρια

zar

σετ τρενάκι

model tren seti

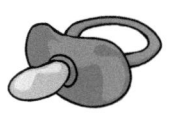

πιπίλα

emzik

πάρτι

parti

εικονογραφημένο βιβλίο

resimli kitap

μπάλα

top

κούκλα

oyuncak bebek

παίζω

oynamak

σκάμμα με άμμο

kum havuzu

κούνια

salıncak

παιχνίδια

oyuncaklar

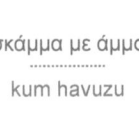

κονσόλα βιντεοπαιχνιδιών

video oyun konsolu

τρίκυκλο

üç tekerlekli bisiklet

αρκουδάκι

oyuncak ayı

ντουλάπα

gardırop

ρούχα
kıyafet

κάλτσες

çorap

καλτσοδέτες

külotlu çorap

καλσόν

tayt

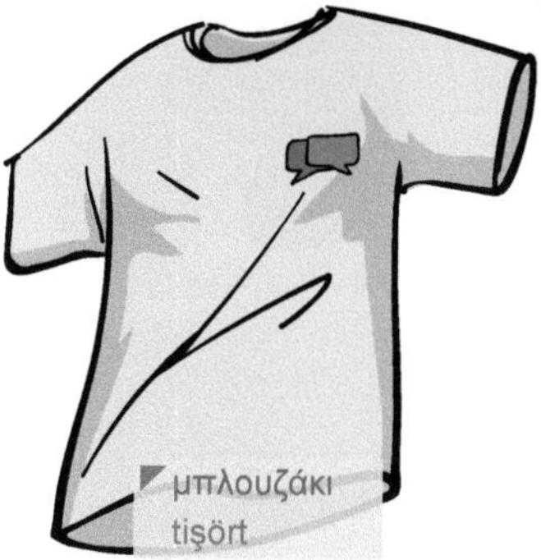

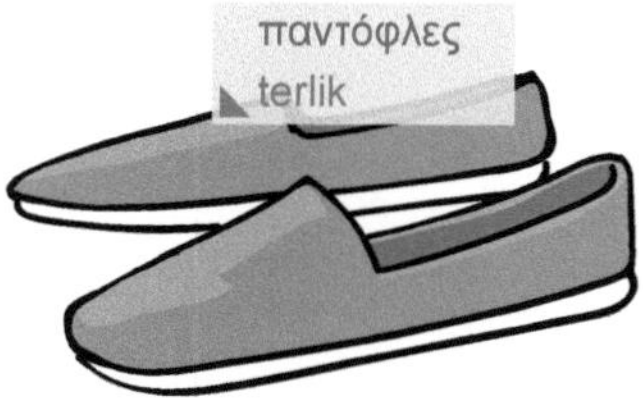

κασκόλ
eşarp

ομπρέλα
şemsiye

ζώνη
kemer

μπλουζάκι
tişört

μπότες
bot

παντόφλες
terlik

αθλητικά παπούτσια
spor ayakkabı

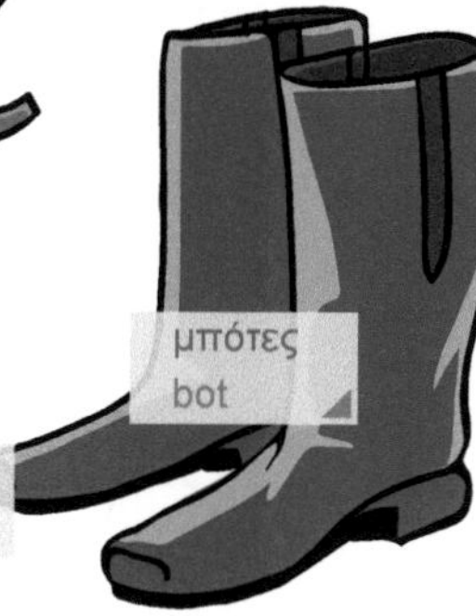

σανδάλια
sandalet

παπούτσια
ayakkabı

γαλότσες
lastik çizme

εσώρουχο
külot

σουτιέν
sütyen

φανέλα
yelek

σώμα

dar bluz

παντελόνι

pantolon

τζιν παντελόνι

kot pantolon

φούστα

etek

μπλούζα

bluz

πουκάμισο

gömlek

πουλόβερ

kazak

πουλόβερ

süveter

σακάκι

blazer

μπουφάν

ceket

παλτό

mont

αδιάβροχο πανωφόρι

yağmurluk

κοστούμι

kostüm

φόρεμα

elbise

νυφικό

gelinlik

ρούχα - kıyafet

κοστούμι

takım elbise

νυχτικό

gecelik

πιτζάμες

pijama

σάρι

sari

μαντήλι

baş örtüsü

τουρμπάνι

türban

μπούρκα

burka

καφτάνι

kaftan

μουσουλμανικό ένδυμα

çarşaf

ολόσωμο μαγιό

mayo

ανδρικό μαγιό

erkek mayosu

σορτς

şort

αθλητική φόρμα

eşofman

ποδιά

önlük

γάντια

eldiven

κουμπί

düğme

γυαλιά

gözlük

βραχιόλι

bilezik

περιδέραιο

kolye

δαχτυλίδι

yüzük

σκουλαρίκι

küpe

καπέλο

kep

κρεμάστρα

portmanto

καπέλο

şapka

γραβάτα

kravat

φερμουάρ

fermuar

κράνος

kask

τιράντες

pantolon askısı

μαθητική στολή

okul forması

στολή

üniforma

σαλιάρα

mama önlüğü

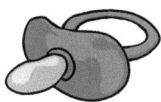

πιπίλα

emzik

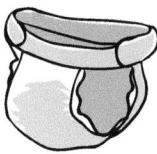

πάνα

bebek bezi

γραφείο
ofis

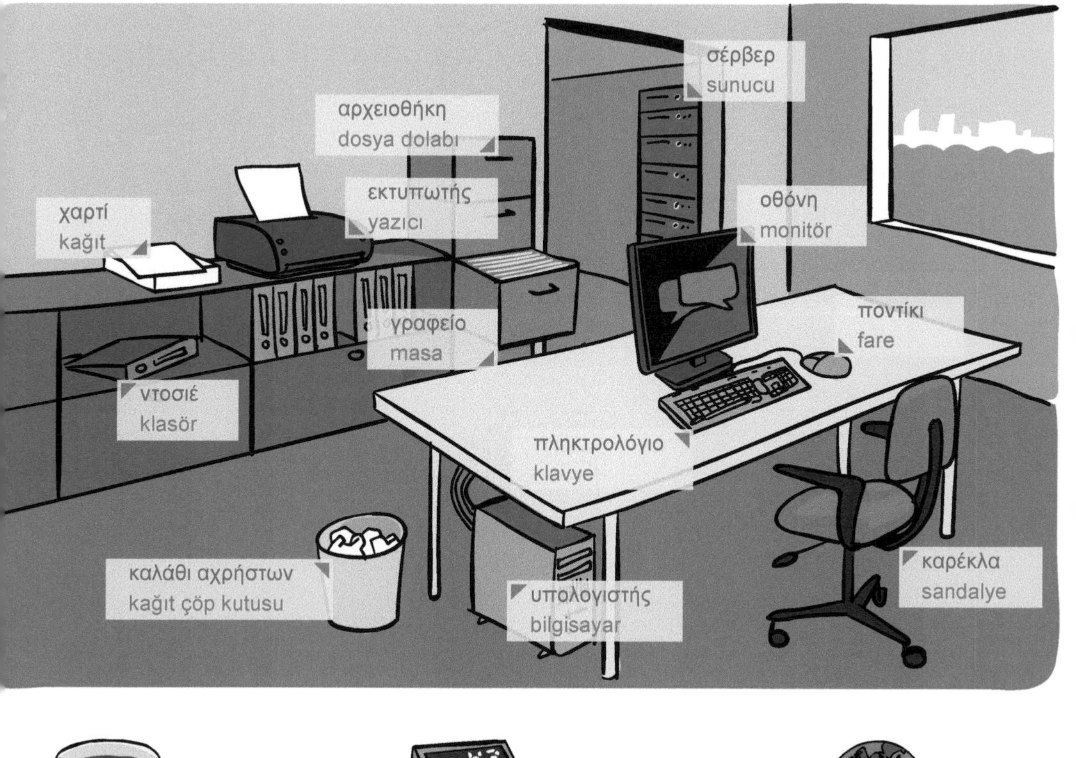

σέρβερ
sunucu

αρχειοθήκη
dosya dolabı

εκτυπωτής
yazıcı

οθόνη
monitör

χαρτί
kağıt

ποντίκι
fare

γραφείο
masa

ντοσιέ
klasör

πληκτρολόγιο
klavye

καλάθι αχρήστων
kağıt çöp kutusu

υπολογιστής
bilgisayar

καρέκλα
sandalye

κούπα του καφέ

kahve fincanı

κομπιουτεράκι

hesap makinesi

ίντερνετ

internet

λάπτοπ

dizüstü

γράμμα

mektup

μήνυμα

mesaj

κινητό

cep telefonu

δίκτυο

ağ

φωτοτυπικό μηχάνημα

fotokopi makinesi

λογισμικό

yazılım

τηλέφωνο

telefon

πρίζα

priz

συσκευή φαξ

faks makinesi

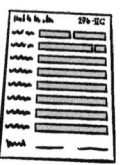

έντυπο

form

έγγραφο

belge

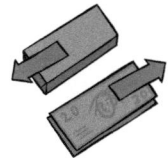

αγοράζω

satın almak

πληρώνω

ödemek

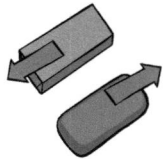

συναλλάσσομαι

ticaret yapmak

χρήματα

para

δολάριο

dolar

ευρώ

avro

γιεν

yen

ρούβλι

ruble

ελβετικό φράγκο

İsviçre frangı

ρενμίνμπι γιουάν

Çin yuanı

ρουπία

rupi

ATM (αυτόματη ταμειακή μηχανή)

kasa

ανταλλακτήρια
συναλλάγματος

döviz bürosu

χρυσός

altın

ασήμι

gümüş

πετρέλαιο

petrol

ενέργεια

enerji

τιμή

fiyat

συμβόλαιο

kontrat

φόρος

vergi

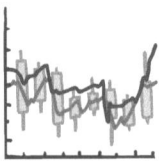

μετοχή

menkul değer

δουλεύω

çalışmak

υπάλληλος

işveren

εργοδότης

işçi

εργοστάσιο

fabrika

κατάστημα

mağaza

επαγγέλματα

meslekler

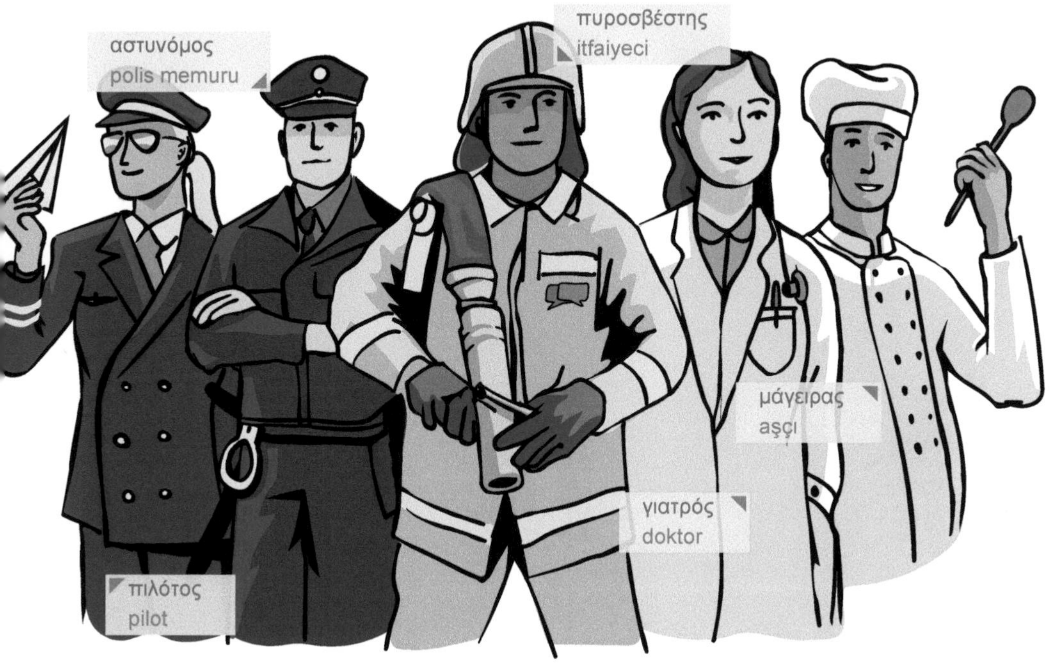
πυροσβέστης
itfaiyeci
αστυνόμος
polis memuru
μάγειρας
aşçı
γιατρός
doktor
πιλότος
pilot

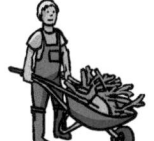

κηπουρός

bahçıvan

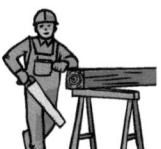

ξυλουργός

marangoz

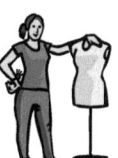

μοδίστρα

terzi

δικαστής

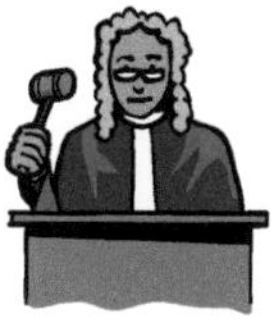

hakim

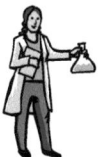

χημικός

kimyager

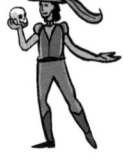

ηθοποιός

aktör

οδηγός λεωφορείου

otobüs şoförü

ταξιτζής

taksi şoförü

ψαράς

balıkçı

καθαρίστρια

temizlikçi

τεχνίτης στεγών

çatı ustası

σερβιτόρος

garson

κυνηγός

avcı

ζωγράφος

boyacı

αρτοποιός

fırıncı

ηλεκτρολόγος

elektrikçi

οικοδόμος

inşaatçı

μηχανολόγος

mühendis

κρεοπώλης

kasap

υδραυλικός

muslukçu

ταχυδρόμος

postacı

στρατιώτης

asker

αρχιτέκτονας

mimar

ταμίας

kasiyer

ανθοπώλης

çiçekçi

κομμωτής

kuaför

ελεγκτής εισιτηρίων

kondüktör

μηχανικός

tamirci

καπετάνιος

kaptan

οδοντίατρος

dişçi

επιστήμονας

bilim insanı

ραβίνος

haham

ιμάμης

imam

μοναχός

keşiş

ιερέας

rahip

εργαλεία

aletler

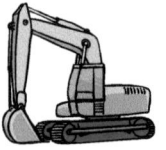

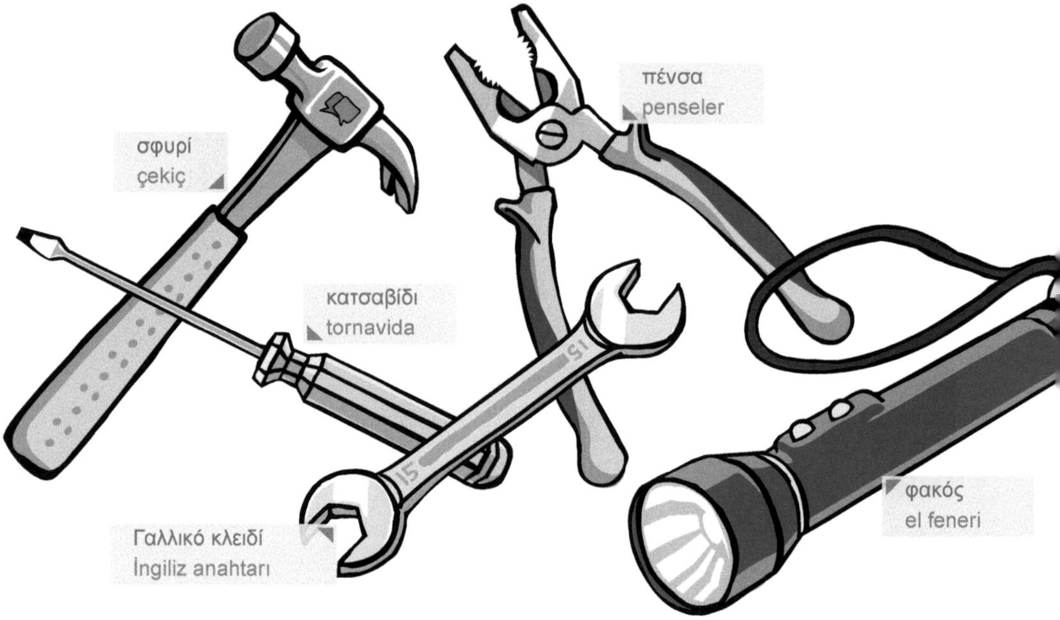
σφυρί
çekiç
πένσα
penseler
κατσαβίδι
tornavida
Γαλλικό κλειδί
İngiliz anahtarı
φακός
el feneri

εκσκαφέας
kazı makinesi

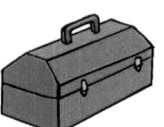

εργαλειοθήκη
alet çantası

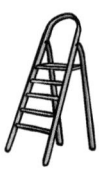

σκάλα
merdiven

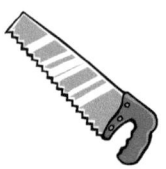

πριόνι
testere

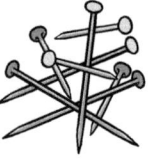

καρφιά
çiviler

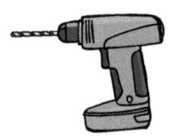

τρυπάνι
matkap

επισκευάζω

tamir etmek

φτυάρι

kürek

Να πάρει!

Kahretsin!

φαράσι

faraş

δοχείο χρωμάτων

boya tenekesi

βίδες

vidalar

μουσικά όργανα
müzik enstrümanı

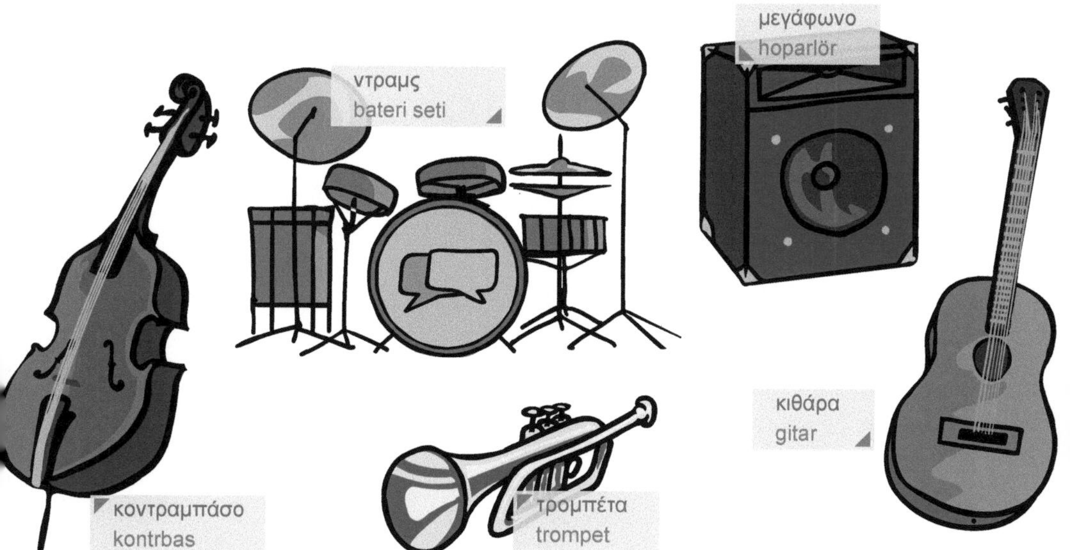

μεγάφωνο
hoparlör

ντραμς
bateri seti

κιθάρα
gitar

κοντραμπάσο
kontrbas

τρομπέτα
trompet

πιάνο

piyano

βιολί

keman

μπάσο

basgitar

τύμπανα

timpani

τύμπανο

bateri

πλήκτρα

klavye

σαξόφωνο

saksafon

φλάουτο

flüt

μικρόφωνο

mikrofon

ζωολογικός κήπος
hayvanat bahçesi

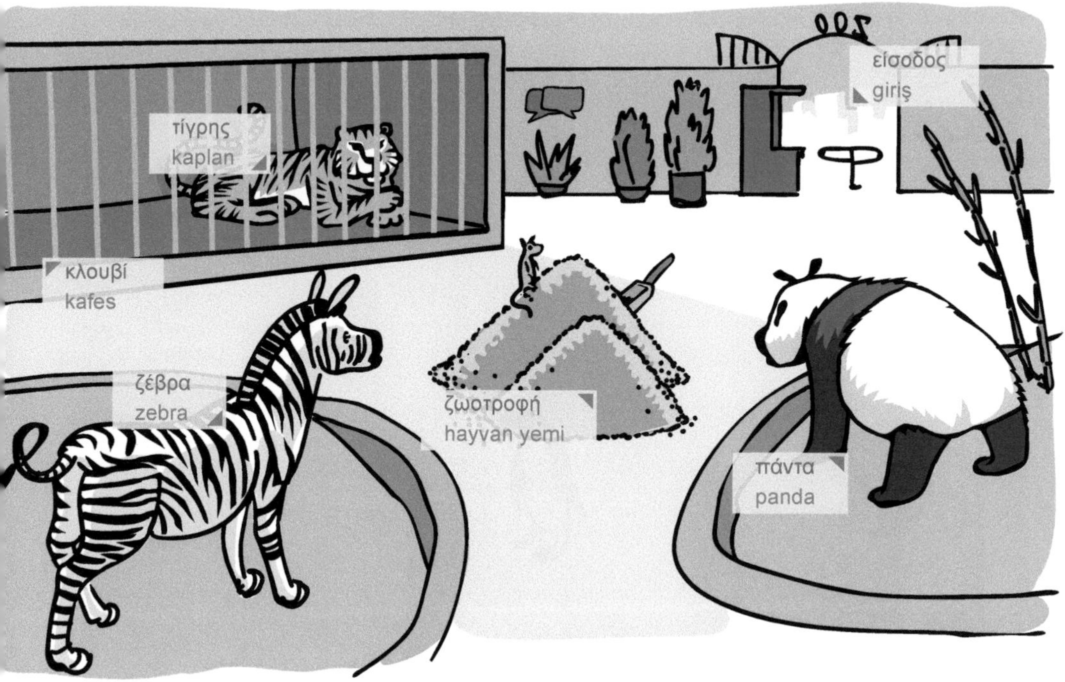

τίγρης
kaplan
είσοδος
giriş
κλουβί
kafes
ζέβρα
zebra
ζωοτροφή
hayvan yemi
πάντα
panda

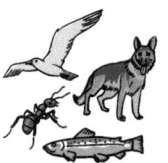

ζώα

hayvanlar

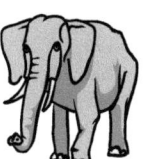

ελέφαντας

fil

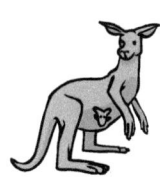

καγκουρό

kanguru

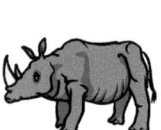

ρινόκερος

gergedan

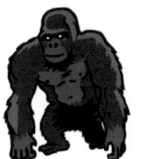

γορίλας

goril

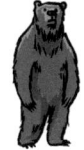

αρκούδα

ayı

κάμηλα

deve

στρουθοκάμηλος

deve kuşu

λιοντάρι

aslan

πίθηκος

maymun

φλαμίνγκο

flamingo

παπαγάλος

papağan

πολική αρκούδα

kutup ayısı

πιγκουίνος

penguen

καρχαρίας

köpek balığı

παγώνι

tavus kuşu

φίδι

yılan

κροκόδειλος

timsah

φύλακας ζωολογικού κήπου

hayvanat bahçesi görevlisi

φώκια

fok

τζάγκουαρ

jaguar

ζωολογικός κήπος - hayvanat bahçesi

πόνυ

midilli atı

λεοπάρδαλη

leopar

ιπποπόταμος

su aygırı

καμηλοπάρδαλη

zürafa

αετός

kartal

αγριογούρουνο

yaban domuzu

ψάρι

balık

χελώνα

kaplumbağa

θαλάσσιος ίππος

mors

αλεπού

tilki

γαζέλα

ceylan

Αμερικάνικο ποδόσφαιρο
amerikan futbolu

ποδηλασία
bisiklete binme

αντισφαίριση
tenis

μπάσκετ
basketbol

κολύμβηση
yüzme

πυγχαμία
boks

χόκεϋ επί πάγου
buz hokeyi

ποδόσφαιρο
futbol

μπάντμιντον
badminton

στίβος
atletizm

χάντμπολ
hentbol

σκι
kayak

πόλο
polo

γελάω
gülmek

πηδάω
atlamak

αγκαλιάζω
sarılmak

περπατάω
yürümek

τραγουδάω
söylemek

ονειρεύομαι
hayal etmek

προσεύχομαι
dua etmek

φιλάω
öpmek

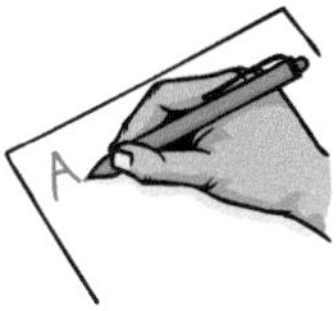

γράφω
yazmak

σχεδιάζω
çizmek

δείχνω
göstermek

πιέζω
itmek

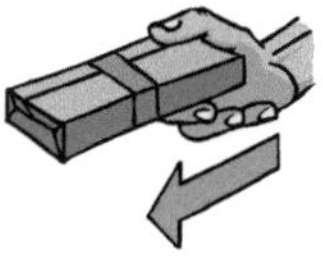

δίνω
vermek

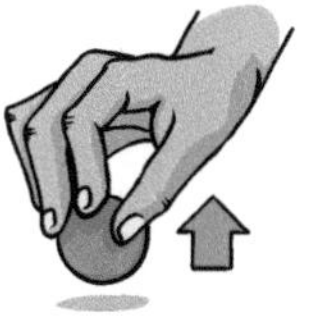

παίρνω
almak

έχω

sahip olmak

κάνω

yapmak

είμαι

olmak

στέκομαι

ayakta durmak

τρέχω

koşmak

τραβάω

çekmek

ρίχνω

atmak

πέφτω

düşmek

ξαπλώνω

yalan söylemek

περιμένω

beklemek

κουβαλώ

taşımak

κάθομαι

oturmak

φοράω

giyinmek

κοιμάμαι

uyumak

ξυπνάω

uyanmak

κοιτάω

bakmak

κλαίω

ağlamak

χαϊδεύω

vurmak

χτενίζω

taramak

μιλάω

konuşmak

καταλαβαίνω

anlamak

ρωτάω

sormak

ακούω

dinlemek

πίνω

içmek

τρώω

yemek

συγυρίζω

düzenlemek

αγαπάω

sevmek

μαγειρεύω

pişirmek

οδηγώ

sürmek

πετάω

uçmak

κάνω ιστιοπλοΐα

denize açılmak

υπολογίζω

hesapla

διαβάζω

okumak

μαθαίνω

öğrenmek

δουλεύω

çalışmak

παντρεύομαι

evlenmek

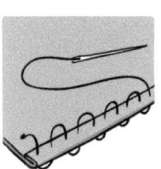

ράβω

dikmek

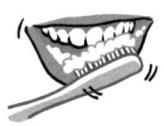

βουρτσίζω τα δόντια

diş fırçalamak

σκοτώνω

öldürmek

καπνίζω

sigara içmek

στέλνω

yollamak

οικογένεια
aile

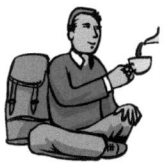

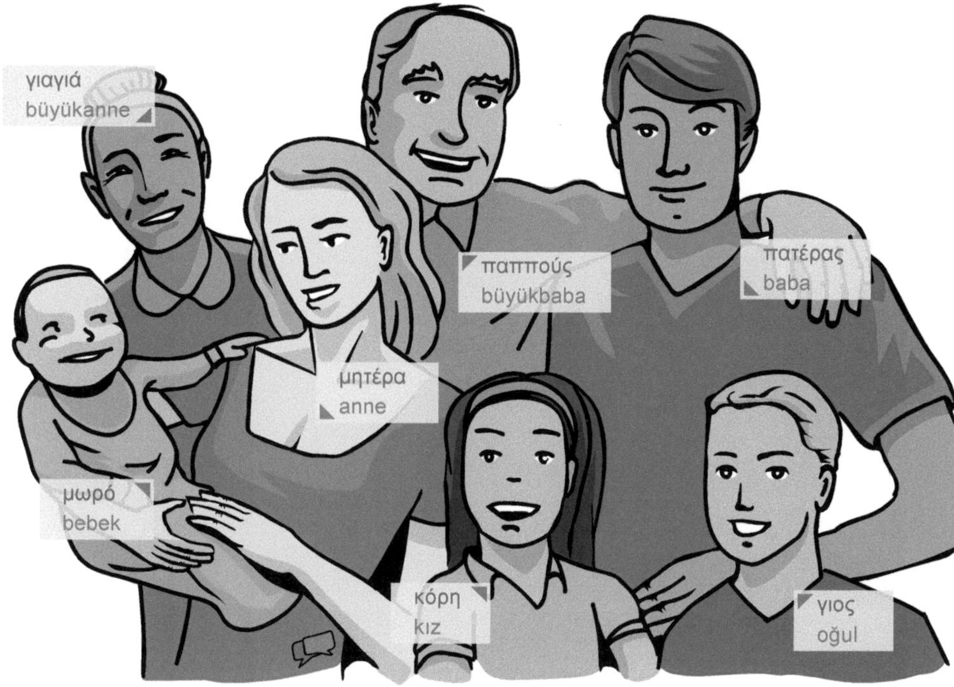

γιαγιά
büyükanne
παππούς
büyükbaba
πατέρας
baba
μητέρα
anne
μωρό
bebek
κόρη
kız
γιος
oğul

καλεσμένος

misafir

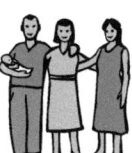

θεία

teyze

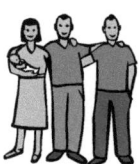

θείος

amca

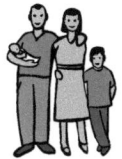

αδελφός

erkek kardeş

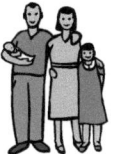

αδελφή

kız kardeş

σώμα

vücut

μέτωπο
alın
μάτι
göz
ώμος
omuz
δάχτυλο
parmak
πρόσωπο
yüz
πιγούνι
çene
χέρι
el
πόδι
bacak
στήθος
göğüs
βραχίονας
kol

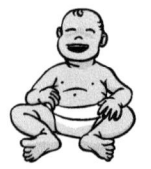

μωρό

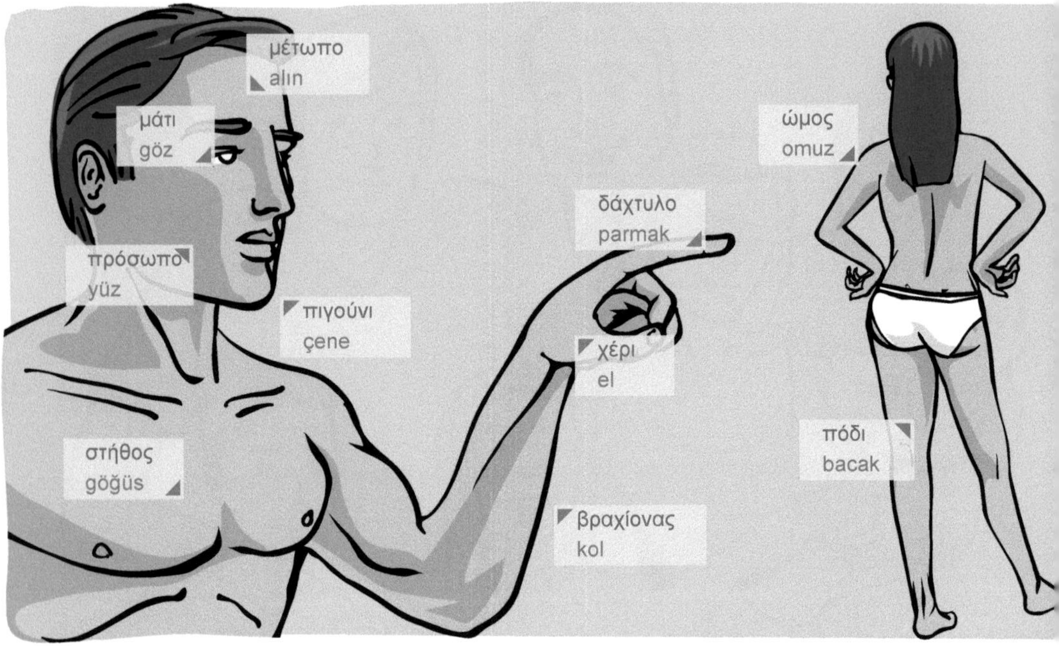

bebek

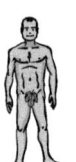

άνδρας

adam

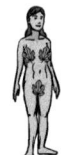

γυναίκα

kadın

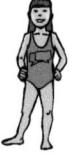

κορίτσι

kız

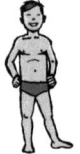

αγόρι

erkek çocuk

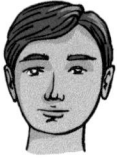

κεφάλι

baş

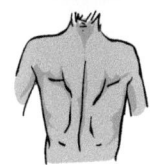

πλάτη

sırt

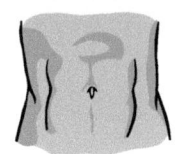

κοιλιά

karın

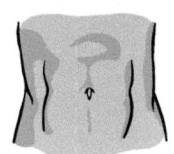

αφαλός

göbek

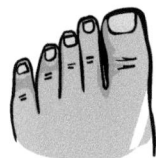

δάχτυλο ποδιού

ayak parmağı

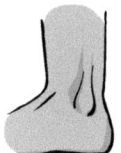

φτέρνα

topuk

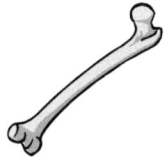

κόκκαλο

kemik

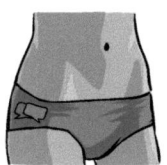

γοφός

kalça

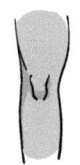

γόνατο

diz

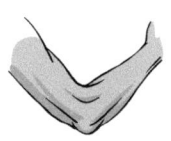

αγκώνας

dirsek

μύτη

burun

γλουτός

kalça

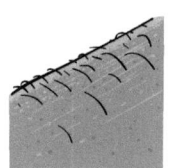

δέρμα

deri

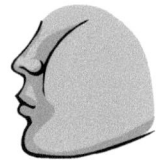

μάγουλο

yanak

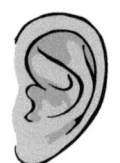

αυτί

kulak

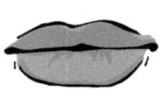

χείλος

dudak

στόμα

ağız

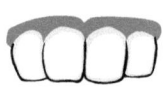

δόντι

diş

γλώσσα

dil

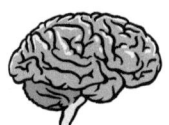

εγκέφαλος

beyin

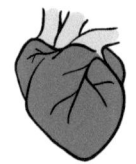

καρδιά

kalp

μυς

kas

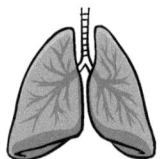

πνεύμονας

akciğer

συκώτι

karaciğer

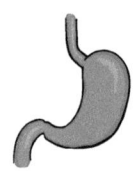

στομάχι

mide

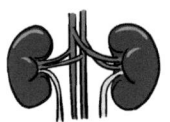

νεφρά

böbrekler

σεξουαλική επαφή

seks

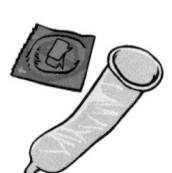

προφυλακτικό

prezervatif

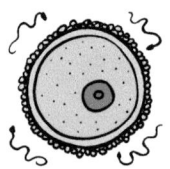

ωάριο

yumurtalık

σπέρμα

sperm

εγκυμοσύνη

hamilelik

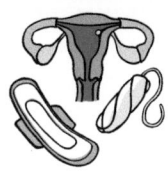

περίοδος

regl

γυναικείος κόλπος

vajina

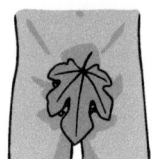

πέος

penis

φρύδι

kaş

μαλλιά

saç

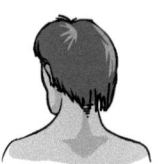

λαιμός

boyun

νοσοκομείο
hastane

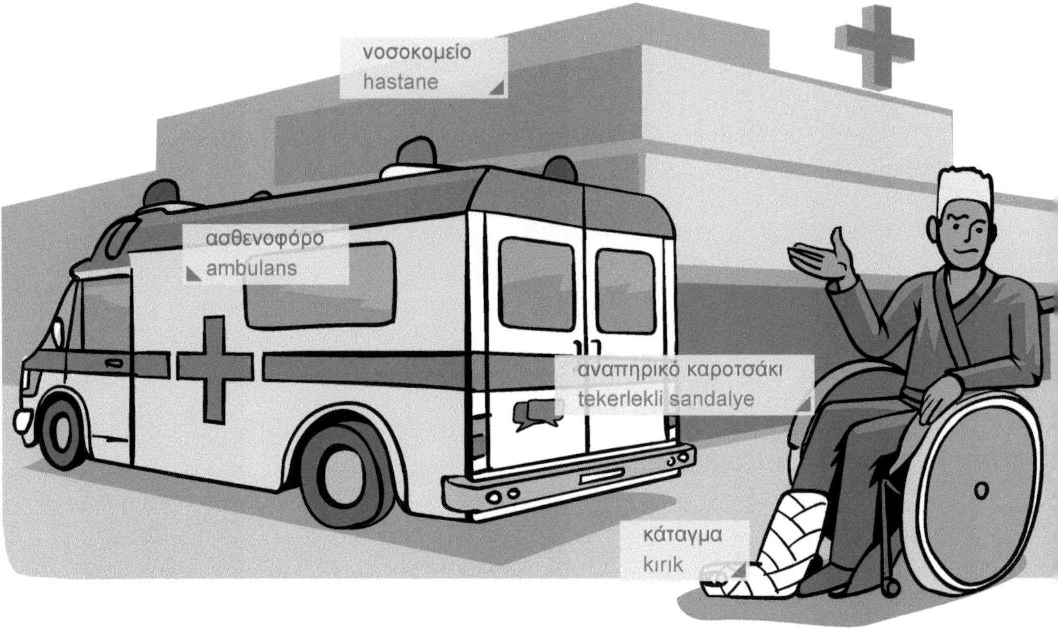

νοσοκομείο
hastane
ασθενοφόρο
ambulans
αναπηρικό καροτσάκι
tekerlekli sandalye
κάταγμα
kırık

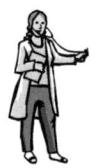

γιατρός

doktor

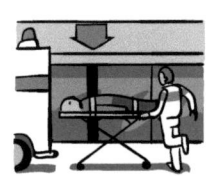

μονάδα εντατικής θεραπείας

acil servis

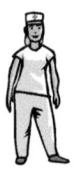

νοσοκόμα

hemşire

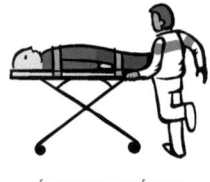

έκτακτη ανάγκη

acil

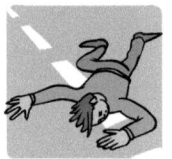

λιπόθυμος

baygın

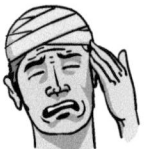

πόνος

acı

	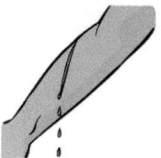	
τραύμα	αιμορραγία	έμφραγμα
yaralanma	kanama	kalp krizi

εγκεφαλικό	αλλεργία	βήχας
felç	alerji	öksürük

πυρετός	γρίπη	διάρροια
ateş	grip	ishal
	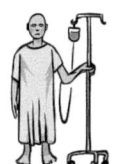	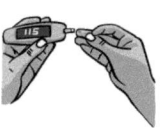
πονοκέφαλος	καρκίνος	διαβήτης
baş ağrısı	kanser	şeker hastalığı

χειρουργός	νυστέρι	εγχείρηση
cerrah	neşter	operasyon

αξονική τομογραφία

bilgisayarlı tomografi

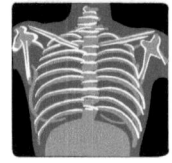

ακτινογραφία

röntgen

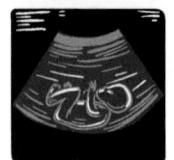

υπέρηχος

ultrason

μάσκα

yüz maskesi

ασθένεια

hastalık

αίθουσα αναμονής

bekleme odası

πατερίτσα

koltuk değneği

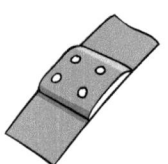

χάνσαπλαστ

yara bandı

επίδεσμος

bandaj

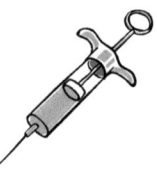

ένεση

enjeksiyon

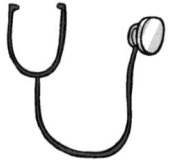

στηθοσκόπιο

steteskop

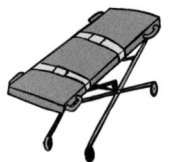

φορείο

sedye

θερμόμετρο

tıbbi termometre

γέννηση

doğum

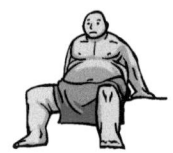

υπέρβαρο

fazla kilo

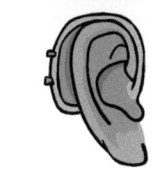

ακουστικό βαρηκοΐας

işitme cihazı

αντισηπτικό

dezenfektan

λοίμωξη

enfeksiyon

ιός

virüs

HIV/AIDS

HIV / AIDS

φάρμακο

ilaç

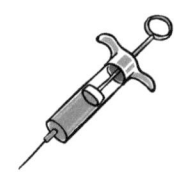

εμβολιασμός

aşı

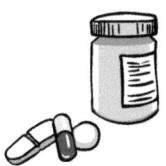

δισκία

tablet

χάπι

hap

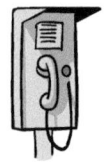

κλήση έκτακτης ανάγκης

acil çağrı

πιεσόμετρο αίματος

tansiyon aleti

άρρωστος / υγιής

hasta / sağlıklı

Βοήθεια!
İmdat!

συναγερμός
alarm

βιαιοπραγία
darp

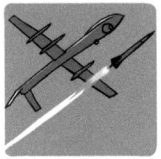

επίθεση
saldırı

κίνδυνος
tehlike

έξοδος κινδύνου
acil çıkış

Φωτιά!
Yangın!

πυροσβεστήρας
yangın tüpü

ατύχημα
kaza

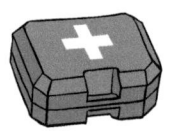

κουτί πρώτων βοηθειών
ilk yardım çantası

SOS
imdat

αστυνομία
polis

Ευρώπη

Avrupa

Βόρεια Αμερική

Kuzey Amerika

Νότια Αμερική

Güney amerika

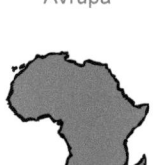

Αφρική

Afrika

Ασία

Asya

Αυστραλία

Avustralya

Ατλαντικός Ωκεανός

Atlantik

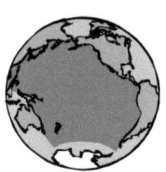

Ειρηνικός Ωκεανός

Pasifik

Ινδικός Ωκεανός

Hint Okyanusu

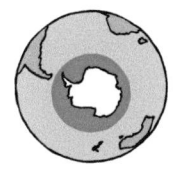

Ανταρκτικός Ωκεανός

Antarktika Okyanusu

Αρκτικός Ωκεανός

Arktik Okyanusu

Βόρειος Πόλος

Kuzey Kutbu

Νότιος Πόλος

Güney Kutbu

Ανταρκτική

Antarktika

Γη

dünya

γη

kara

θάλασσα

deniz

νησί

ada

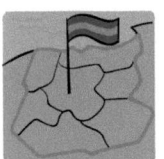

έθνος

ulus

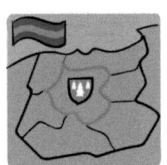

πολιτεία

ülke

καντράν ρολογιού

kadran

ωροδείκτης

akrep

λεπτοδείκτης

yelkovan

δείκτης δευτερολέπτων

saniye ibresi

Τι ώρα είναι;

Saat kaç?

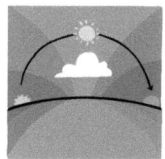

ημέρα

gün

χρόνος

zaman

τώρα

şimdi

ψηφιακό ρολόι

dijital saat

λεπτό

dakika

ώρα

saat

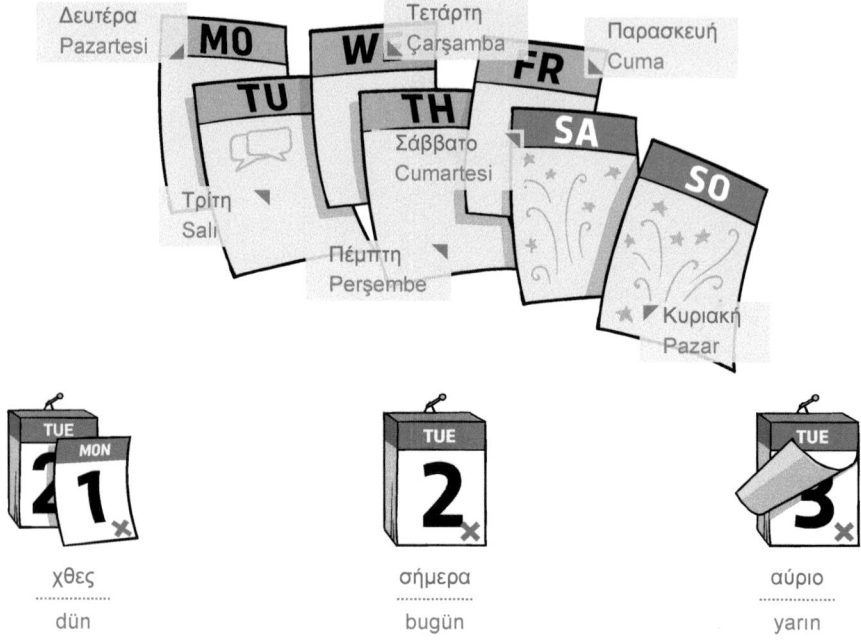

Δευτέρα / Pazartesi — MO
Τρίτη / Salı — TU
Τετάρτη / Çarşamba — W
Πέμπτη / Perşembe — TH
Παρασκευή / Cuma — FR
Σάββατο / Cumartesi — SA
Κυριακή / Pazar — SO

χθες
dün

σήμερα
bugün

αύριο
yarın

πρωί
sabah

μεσημέρι
öğle

βράδυ
akşam

MO	TU	WE	TH	FR	SA	SU
1	2	3	4	5	6	7
8	9	10	11	12	13	14
15	16	17	18	19	20	21
22	23	24	25	26	27	28
29	30	31	1	2	3	4

εργάσιμες ημέρες
iş günleri

MO	TU	WE	TH	FR	SA	SU
1	2	3	4	5	6	7
8	9	10	11	12	13	14
15	16	17	18	19	20	21
22	23	24	25	26	27	28
29	30	31	1	2	3	4

Σαββατοκύριακο
hafta sonu

έτος
yıl

βροχή
yağmur
ουράνιο τόξο
gökkuşağı
χιόνι
kara
άνεμος
rüzgar
άνοιξη
bahar
φθινόπωρο
sonbahar
καλοκαίρι
yaz
χειμώνας
kış

4.APRIL 11°
5.APRIL 4°
6.APRIL 13°
7.APRIL 8°
8.APRIL 10°

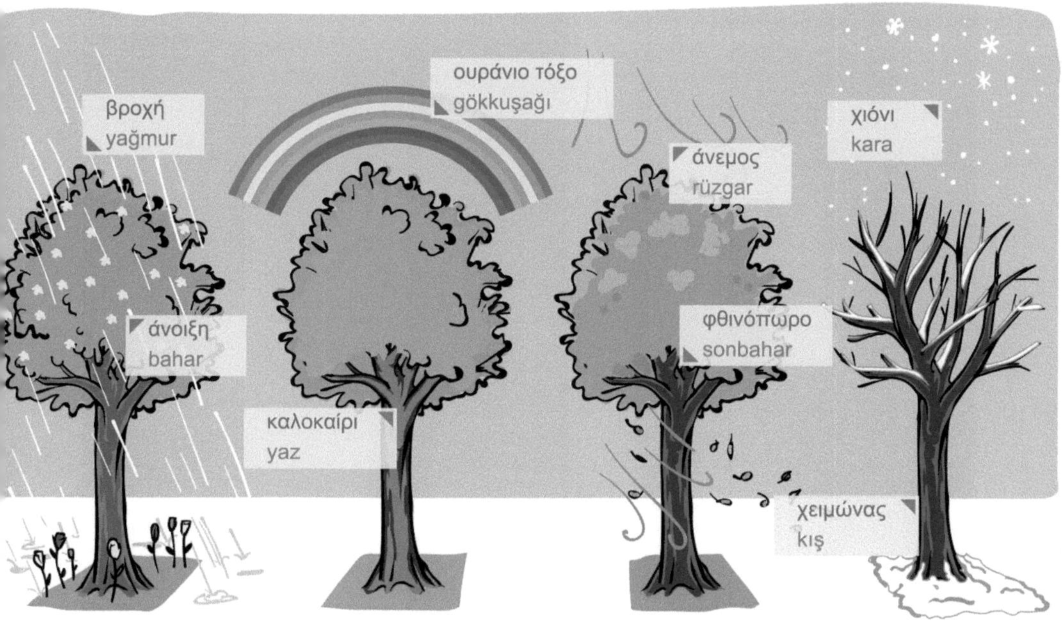

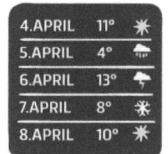

πρόγνωση καιρού

hava durumu tahmini

F C
120 40
90 30
60 20
30 10
0 0
-30 -10
-20

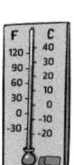

θερμόμετρο

termometre

λιακάδα

güneş ışığı

σύννεφο

bulut

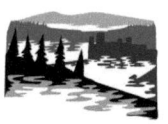

ομίχλη

sis

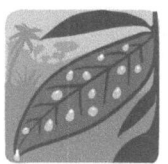

υγρασία

nem

αστραπή

şimşek

κεραυνός

gök gürültüsü

καταιγίδα

fırtına

χαλάζι

dolu

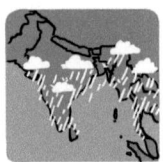

μουσώνας

muson

πλημμύρα

sel

πάγος

buz

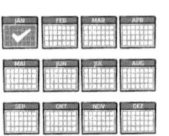

Ιανουάριος

Ocak

Φεβρουάριος

Şubat

Μάρτιος

Mart

Απρίλιος

Nisan

Μάιος

Mayıs

Ιούνιος

Haziran

Ιούλιος

Temmuz

Αύγουστος

Ağustos

έτος - yıl

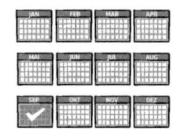

Σεπτέμβριος
....
Eylül

Οκτώβριος
....
Ekim

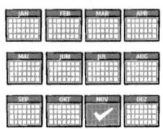

Νοέμβριος
....
Kasım

Δεκέμβριος
....
Aralık

σχήματα
şekiller

κύκλος
....
daire

τετράγωνο
....
kare

ορθογώνιο
παραλληλόγραμμο
dikdörtgen

τρίγωνο
....
üçgen

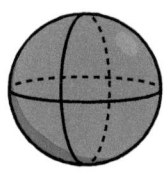

σφαίρα
....
küre

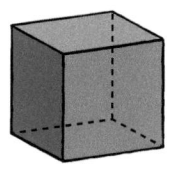

κύβος
....
küp

άσπρο

beyaz

κίτρινο

sarı

πορτοκαλί

turuncu

ροζ

pembe

κόκκινο

kırmızı

μωβ

mor

μπλε

mavi

πράσινο

yeşil

καφέ

kahverengi

γκρι

gri

μαύρο

siyah

πολύ / λίγο

çok / az

θυμωμένος / ήρεμος

kızgın / sakin

όμορφος / άσχημος

güzel / çirkin

αρχή / τέλος

başlangıç / son

μεγάλος / μικρός

büyük / küçük

φωτεινός / σκοτεινός

parlak / karanlık

αδελφός / αδελφή

erkek kardeş / kız kardeş

καθαρός / λερωμένος

temiz / kirli

πλήρης / ατελής

tamam / eksik

ημέρα / νύχτα

gün / gece

νεκρός / ζωντανός

ölü / canlı

φαρδύς / στενός

geniş / dar

βρώσιμος / μη βρώσιμος

yenilebilir / yenilemez

κακός / ευγενικός

kötü / iyi

ενθουσιασμένος / βαριεστημένος

heyecanlı / sıkılmış

παχύς / λεπτός

şişman / zayıf

πρώτος / τελευταίος

ilk / son

φίλος / εχθρός

dost / düşman

γεμάτος / άδειος

dolu / boş

σκληρός / μαλακός

sert / yumuşak

βαρύς / ελαφρύς

ağır / hafif

πείνα / δίψα

açlık / susuzluk

άρρωστος / υγιής

hasta / sağlıklı

παράνομος / νόμιμος

yasa dışı / yasal

έξυπνος / χαζός

zeki / aptal

αριστερός / δεξιός

sol / sağ

κοντινός / μακρινός

yakın / uzak

καινούριος /
μεταχειρισμένος

yeni / kullanılmış

τίποτα / κάτι

hiçbir şey / bir şey

γέρος | νέος

yaşlı / genç

αναμμένος / σβηστός

açma / kapama

ανοιχτός / κλειστός

açık / kapalı

χαμηλόφωνος /
μεγαλόφωνος
sessiz / gürültülü

πλούσιος / φτωχός

zengin / fakir

σωστός / λανθασμένος

doğru / yanlış

τραχύς / λείος

pürüzlü / düz

λυπημένος / χαρούμενος

üzgün / mutlu

κοντός / μακρύς

kısa / uzun

αργός / γρήγορος

yavaş / hızlı

υγρός / στεγνός

ıslak / kuru

ζεστός / δροσερός

sıcak / serin

πόλεμος / ειρήνη

savaş / barış

αντίθετα - zıt anlamlılar

0

μηδέν
....
sıfır

1

ένα
....
bir

2

δύο
....
iki

3

τρία
....
üç

4

τέσσερα
....
dört

5

πέντε
....
beş

6

έξι
....
altı

7

εφτά
....
yedi

8

οκτώ
....
sekiz

9

εννιά
....
dokuz

10

δέκα
....
on

11

έντεκα
....
on bir

12

δώδεκα

on iki

13

δεκατρία

on üç

14

δεκατέσσερα

on dört

15

δεκαπέντε

on beş

16

δεκαέξι

on altı

17

δεκαεφτά

on yedi

18

δεκαοκτώ

on sekiz

19

δεκαεννέα

on dokuz

20

είκοσι

yirmi

100

εκατό

yüz

1.000

χίλια

bin

1.000.000

εκατομμύριο

milyon

Αγγλικά

İngilizce

Αμερικάνικα Αγγλικά

Amerikan İngilizcesi

Μανδαρίνικα Κινέζικα

Çince (Mandarin)

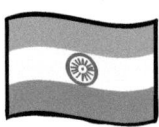

Χίντι

Hintçe

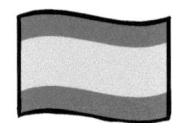

Ισπανικά

İspanyolca

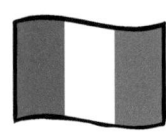

Γαλλικά

Fransızca

Αραβικά

Arapça

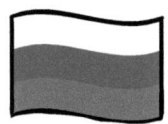

Ρώσικα

Rusça

Πορτογαλικά

Portekizce

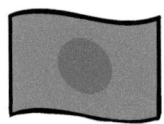

Μπενγκάλι

Bengalce

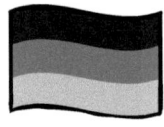

Γερμανικά

Almanca

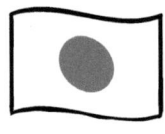

Ιαπωνικά

Japonca

εγώ

ben

εσύ

sen

αυτός / αυτή / αυτό

o

εμείς

biz

εσείς

siz

αυτοί / αυτές / αυτά

onlar

ποιος / ποια / ποιο;

kim?

τι;

ne?

πώς;

nasıl?

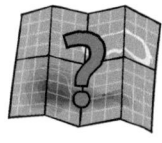

πού;

nerede?

πότε;

ne zaman?

όνομα

isim

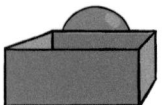

πίσω

arkasında

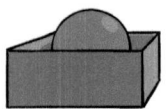

μέσα

içinde

μπροστά

önünde

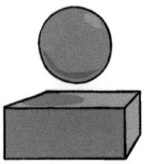

πάνω από

üzerinde

πάνω

üstünde

κάτω

altında

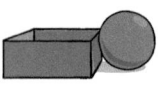

δίπλα

yanında

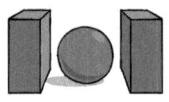

ανάμεσα

arasında

μέρος

yer